技工院校社会主义核心价值观教育系列教材

爱国教育

主　编：张小平
副主编：李梦辰

图书在版编目（CIP）数据

爱国教育 / 张小平主编. -- 北京：中国劳动社会保障出版社，2025. --（技工院校社会主义核心价值观教育系列教材）. -- ISBN 978-7-5167-6987-4

Ⅰ. G641.4

中国国家版本馆 CIP 数据核字第 2025DU0454 号

爱国教育

AIGUO JIAOYU

中国劳动社会保障出版社出版发行

（北京市惠新东街 1 号　邮政编码：100029）

*

三河市华骏印务包装有限公司印刷装订　　新华书店经销

787 毫米 ×1092 毫米　16 开本　8.25 印张　156 千字

2025 年 7 月第 1 版　　2025 年 7 月第 1 次印刷

定价：18.00 元

营销中心电话：400-606-6496

出版社网址：https://www.class.com.cn

https://jg.class.com.cn

前言

教育的根本任务是立德树人。2013 年 12 月，中共中央办公厅印发《关于培育和践行社会主义核心价值观的意见》，明确提出要把培育和践行社会主义核心价值观融入国民教育全过程，推动社会主义核心价值观进教材、进课堂、进学生头脑。党的二十大报告指出，用社会主义核心价值观铸魂育人，完善思想政治工作体系，推进大中小学思想政治教育一体化建设。青少年是祖国的未来、民族的希望。青少年阶段是价值观形成和确立的时期，是人生成长的“拔节孕穗期”，最需要正确引导和精心栽培。

为了更好地贯彻党的教育方针，落实立德树人根本任务，教育引导学生牢固树立和践行社会主义核心价值观，我们组织编写了这套“技工院校社会主义核心价值观教育系列教材”，包括《文明教育》《爱国教育》《敬业教育》《诚信教育》《友善教育》。本系列教材在编写上有以下几个特点。

一是充分考虑了技工院校学生的认知特点和价值观教育的阶段性目标。在清晰阐述理论的基础上，力求语言通俗易懂，增强内容的可读性和吸引力。书中设计“案例分析”“拓展阅读”“知识巩固”板块，将理论阐释与社会生活相结合，并引导学生进行延伸学习和自主学习。所选案例既鲜活又具有感染力，既讲英雄模范的崇高事迹，也讲身边平凡人的不平凡故事，以增强学生的情感认同，使社会主义核心价值观变得看得见、摸得着、形象具体、可感可知，能够润物无声地浸润于学生的心田，并体现在他们的日常行为中。

二是遵循教育规律，每册均贯穿认知、情感、行为三条主线。通过深入阐释文明、爱国、敬业、诚信、友善概念的基本内涵，帮助学生解决“是什么”的问题；通过细致分析这些概念所蕴含的重要价值，引导学生思考“为什么”要秉持这些价值观；通过明确提出这些价值观的实践要求，激励学生自觉地践行，解决“怎么做”的问题。在价值观学习的过程中，学生们不仅要理解“是什么”，也要明白“为什么”，还要清楚“怎么做”，从而实现知与行的统一。

三是力求体现继承性与时代性的统一。在编写过程中，深入挖掘了中华优秀传统文化中蕴含的文明、爱国、敬业、诚信、友善思想资源，并将这些宝贵资源融入教材，成为涵养社会主义核心价值观的丰富养分。同时，紧密结合中国式现代化进程的时代特征和时代要求，实现传统与现代的结合。

本系列教材为全国技工院校的同学们编写，在国家高度重视职业教育、大力推动职业教育发展的新时代，希望同学们立足时代，面向未来，既有中国情怀，也有全球视野，为早日成长为国家高素质技术技能人才、能工巧匠、大国工匠打下良好的思想基础，收获属于你们的精彩人生。

本教材由中国社会科学院大学张小平任主编、李梦辰任副主编，邓潘祎、刘紫涵、王超、肖楠、程玉璐参与编写。由于水平有限，书中难免有疏漏和不妥之处，敬请广大师生在使用过程中提出宝贵意见，以便我们今后加以改进。请将相关意见和建议反馈至邮箱：ggk@class.com.cn。

编者

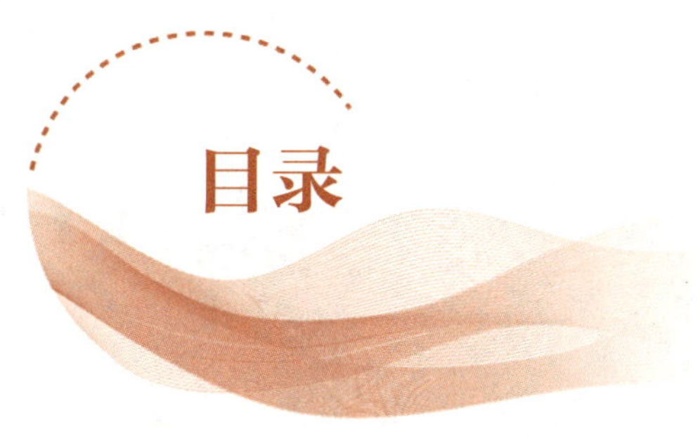

目录

第1章 什么是爱国？

章首语

什么是爱国？一言以蔽之，就是热爱自己的祖国、国家。对大多数人来说，“爱国”并不是一个陌生的词汇。但由于它涉及的概念是宏观、抽象的，而且在人类历史中经历了一个漫长而复杂的演进过程，所以这个问题看似简单却内涵丰富。

本章先从“爱”与“国”这两个字入手，辨析“小爱”和“大爱”、“祖国”和“国家”这两对概念的联系与区别，解读“爱”和“国”的含义。接着，通过探究“爱国情怀”与“爱国主义”的特征和关系，分别从感性和理性的角度层层深入地剖析爱国的丰富内涵，进而形成对“爱国”的全面阐释。

学习目标

1. 了解从“小爱”到“大爱”的历史发展脉络。
2. 掌握“祖国”与“国家”的联系和区别。
3. 熟悉“爱国情怀”与“爱国主义”的概念并能举例说明。
4. 掌握“爱国情怀”与“爱国主义”的辩证关系。

第 1 节
“爱”与“国”的概念

翻开中华上下五千多年的文明长卷，我们发现有一个词语始终贯穿于字里行间，令人感怀、催人奋进，那就是“爱国”。2018 年 5 月，习近平总书记在北京大学与师生座谈时指出：“爱国，是人世间最深层、最持久的情感。”

纵观整个人类世界的过去与现在，爱国是人们千百年来凝结而成的一种对祖国最深厚的感情，也是最崇高的历史责任，对中华民族来说更是如此。爱国是中华儿女生生不息的强大精神支柱，也是我们民族精神的核心所在。“爱国”虽然只有两个字，但它的内涵却非常丰富，“爱”有多种形式，“国”也有不同的含义。

一、关于“爱”

歌曲《爱的奉献》中有这样一句歌词：“只要人人都献出一点爱，世界将变成美好的人间。”所谓“爱”，就是个人对其他人或事物具有真挚深厚的情感。在日常生活用语中，有很多关于“爱”的表达，如“喜爱”“爱慕”“爱戴”“爱怜”“爱恋”“挚爱”“仁爱”等。正如歌词中写的那样，在人们普遍的认知中，爱是真善美的象征，我们用文学艺术来赞美爱、歌颂爱，用实际行动来表达爱、追寻爱。

人的情感是丰富的，人类之爱同样也是一种丰富复杂的情感和意志。那么，为什么会有“爱”的存在？真正的“爱”应该是什么样的？“爱国”中的“爱”又意味着什么？

1. 与生俱来的“小爱”

> 爱人者，人恒爱之；敬人者，人恒敬之。
>
> ——孟子

中国古代思想家孔子认为“仁”即“爱人”，有德行的人是充满慈爱之心、满怀爱意的。欧洲文艺复兴时期的剧作家、诗人莎士比亚也曾写过，“爱是亘古长明的塔灯”。正如先贤所说，爱是人类所具有的一种普遍的情感。我们难以想象，如果没有爱，人类社会将如何维系。

拓展阅读

关于“爱”的中国古诗文名句

爱而知其恶，憎而知其善。——《礼记·曲礼上》

结发为夫妻，恩爱两不疑。——苏武《留别妻》

少无适俗韵，性本爱丘山。——陶渊明《归园田居·其一》

世界微尘里，吾宁爱与憎。——李商隐《北青萝》

爱之不以道，适所以害之也。——《资治通鉴·晋纪十八》

不是花中偏爱菊，此花开尽更无花。——元稹《菊花》

自古以来爱就是丰富多样的，但无论爱的对象是什么，它首先都起源于人的本能。在自然界中，经过漫长的生物进化过程，许多动物特别是高等哺乳动物已经具备了复杂的情感体验，爱就是其中之一。对人类来说，出于本能，人自然而然会对父母、子女、配偶、兄弟姐妹等家庭成员产生爱，也就是我们通常所说的亲情，这本质上是一种“血缘（姻缘）之爱”。

随着族群的扩大，人的生存、生活范围逐渐扩大。在人际交往的过程中，个人会由于各种原因而对亲情关系之外的人产生爱。例如，被对方的某些优秀、美好的品质所吸引，从而产生敬慕之情，渴望亲近对方，这其实就是我们通常所说的友情等。虽然这种爱产生的原因可能是复杂的，但人格魅力的吸引是主要因素，所以本质上属于“人格之爱”。

不难注意到，无论是“血缘（姻缘）之爱”还是“人格之爱”，它的对象都是特定的个人（家人、恋人、朋友等），而且往往具有强烈的针对性和一定的排他性。这些“爱”可以统称为“小爱”，它往往表现为分享资源、提供保护、表达关怀等具体行动。由于“小爱”通常基于个体的情感，因此它可能随着时间、环境或个人心境的变化而变化，甚至会随着这些条件的改变而减弱或消失。

2. 升华而出的“大爱”

> 人只有献身于社会，才能找出那短暂而有风险的生命的意义。
>
> ——阿尔伯特·爱因斯坦

难道人所“爱”的对象只能是自己的家人、恋人、朋友吗？显然并非如此。随着人对整个世界及自我认知的提升，爱的内涵变得更加丰富，爱的对象范围更是得到了极大扩展。

自然界中的天文现象、地理景观、动物、植物等，都成了“爱”的对象。这是因为人作为生物，与自然环境有着天然的联系，它们常常能激发人们的审美情感。例如，浩瀚的星空、险峻的山峰、芬芳的花朵、可爱的小动物等都能使人心生爱意。

同时，人类是社会性动物，爱的情感也体现了社会的内涵。当人们深刻认同并热爱某种社会价值或道德原则时，这种爱就超越了对具体人或物的情感，追求更高层次的价值和意义，这是一种无私而宽容的爱。例如，儒家提倡的“仁爱”，是一种推己及人的爱，强调普遍、无差别的爱，不仅爱亲人朋友，也爱所有人。这种爱还体现在对社会公正和正义的追求上，比如为弱势群体发声，推动社会改革进步等。无数中国人像爱护生命一样爱护五星红旗，这正是崇高爱国主义精神的体现。

这种升华的爱，不仅是对某个特定个体或群体的情感，而且是一种更广阔、更深刻的爱。它涵盖了对社会、国家、人类、自然、生命乃至宇宙的关怀和尊重。这种爱表现在保护生态环境、关怀人类命运、向往和平、维护社会和谐等方面。这些爱可以归结为更高层次的“价值之爱”“观念之爱”，可以统称为“大爱”。因为“大爱”的对象往往不是孤立存在的，所以这些“爱”常常会交织在一起。

案例分析

艾青：“因为我对这土地爱得深沉”

1938 年，中国正处于抗日战争时期，日本侵略者的铁蹄一路南下。10 月，武汉等重要南方城市相继失守，诗人艾青和当时文艺界的许多人士一同撤出武汉，汇集于广西桂林。11 月，艾青怀着悲愤的心绪写下了《我爱这土地》一诗。12 月，《我爱这土地》发表在桂林出版的《十日文萃》上，在文艺界和全中国都产生了广泛的影响。

“假如我是一只鸟，

我也应该用嘶哑的喉咙歌唱：

这被暴风雨所打击着的土地，

这永远汹涌着我们的悲愤的河流，

这无止息地吹刮着的激怒的风，

和那来自林间的无比温柔的黎明……

——然后我死了，

连羽毛也腐烂在土地里面。

为什么我的眼里常含泪水？

因为我对这土地爱得深沉……”

思考：诗中的“鸟”“土地”“河流”“风”等意象代表什么？结合上文所学内容，分析诗中的“爱”属于哪些类型，为什么会产生这样的爱？

不难看出，“大爱”是一种更为广泛和深远的情感，它超越了个体和特定对象的限制，体现为对整个世界的关爱。因此，“大爱”往往是无条件的、无私的，也更加持久和稳定。例如，中华儿女数千年来对祖国家乡的热爱，近代以来一代又一代革命先烈抛头颅、洒热血追寻真理等，都是“大爱”的体现。

3. “小爱”与“大爱”的关系

> 我们常常无法做伟大的事，但我们可以用伟大的爱去做些小事。
>
> ——特蕾莎

“小爱”与“大爱”是爱的两种存在形式，它们之间既有区别，也有联系。在区别方面，“小爱”更侧重于个体间的关系，而“大爱”则是一种更为广泛深远的情感。在联系方面，“小爱”是“大爱”的基础，而“大爱”则是“小爱”的升华。“小爱”与“大爱”往往彼此交织、融合。

在某些情况下，“小爱”和“大爱”确实会在结果上存在冲突，如俗话所说的“忠孝难两全”。但在情感层面，它们不是非此即彼的，“小爱”不意味着自私占有，“大爱”也不意味着不近人情。事实上，“小爱”和“大爱”都非常重要，而且往往交融在一起。

拓展阅读

林觉民：“吾充吾爱汝之心，助天下人爱其所爱”

林觉民（1887—1911），福建闽县（今福州）人，中国民主革命的先驱，黄花岗七十二烈士之一。少年时即接受民主革命思想，推崇自由平等学说。1907 年留学日本期间加入中国同盟会，1911 年春回国参加广州起义，起义失败后被俘，不久后壮烈牺牲，年仅 24 岁。

起义前 3 天，林觉民自知此行凶多吉少，于是深夜挑灯，给妻子陈意映写下一封绝笔书，这就是被称为“20 世纪最伟大的情书”的《与妻书》。

“意映卿卿如晤：吾今以此书与汝永别矣！……吾自遇汝以来，常愿天下有情人都成眷属；然遍地腥云，满街狼犬，称心快意，几家能彀？……吾充吾爱汝之心，助天下人爱其所爱，所以敢先汝而死，不顾汝也。汝体吾此心，于啼泣之余，亦以天下人为念，当亦乐牺牲吾身与汝身之福利，为天下人谋永福也。”

节选内容大意为：亲爱的意映，我今天写下这封信，是要和你永别了！……自从遇见你以后，我一直希望天下的有情人都能够成为眷属，但是看看现在的世界，到处都是血腥和残暴，街头巷尾充满了凶狼恶狗，有多少家庭能够真正幸福呢？……我怀着深深的爱你的心，愿意帮助天下的人去爱他们所爱的人，所以我敢于在你之前死去，而难以顾全你了。请你理解我的心意，在你哭泣之后，也希望你能把这份心思放在天下人的身上，愿意牺牲我和你的幸福，为天下人带来长久的幸福。

从《与妻书》中可以读到，林觉民烈士并不是不爱自己的妻子和家人，恰恰相反，他是爱他们爱得深切，所以才毅然决然地奔赴革命道路。就像信中所写——正是因为和妻子感情甚笃，才更希望“天下有情人都成眷属”；正是因为深爱着妻子，所以才更希望能使“天下人爱其所爱”，这就是一种从“小爱”到“大爱”的升华。

爱之所以让人动容，就是因为它不只是一种看不见、摸不着的感情，而更意味着奉献、牺牲的行动。古今中外，真正的爱总是蕴含着奉献自我的悲壮色彩。为了心中珍视的人、事、物，奉献生命也在所不惜。

二、关于“国”

“祖国万岁”“我爱我的祖国”“建设强盛的国家”……在日常生活中，人们往往会使用这些语句来表达爱国之情。“爱国”中的“国”虽然只有一个字，但内涵却非常丰富，其历史非常悠久，使用的语境也很宽泛。

我们所谈论的“国”一般有两种最常见的含义——“祖国”和“国家”。日常用语中，在大部分情况下它们是相通的，但二者从起源、性质到范围其实都有着很大的不同。辨析清楚“祖国”和“国家”的联系与区别，有助于我们更好地理解“爱国”之“国”的含义，认识我们“爱国”所爱的对象。

1. 故土意义上的“祖国”

不属于自己祖国的人，也就不属于全人类。

——别林斯基

在我国，虽然“祖国”这个现代词汇从清末民初才开始出现，但显然我们对祖国的感情是自古就有的，而且它总是与家园、故土紧密联系在一起，如唐代张祜的“故国三千里”、宋代苏轼的“休对故人思故国”。这里的“国”就是家乡的意思。

无独有偶，在英文、德文中，祖国也经常被比喻为“父之邦”或“母之邦”，人们会将对父母的亲情放大，投射到家乡乃至整个祖国。所以，无论中外，从根本上来说，祖国就是指自己的祖先生活的区域，是人们内心深处的眷恋之地。世界上的每个人都有自己的祖国。

从这个角度来说，祖国所包含的内容是非常广泛的，它不仅天然地包括某片特定区域的山川湖海、森林矿藏等自然要素，也包括历史上生活在这片区域的人们所创造的一切经济、政治、文化成果等社会要素。生活在同一个祖国的人们，也往往有着相近的生活经历、历史记忆。因此，祖国并不是一个简单的社会组织，也不仅仅是一块土地，而是一个内涵丰富的综合体。

案例分析

歌曲《我的祖国》
——“一条大河波浪宽”

1956年，中国的文艺工作者积极投身于创作反映社会主义新生活、新气象的艺术作品，由乔羽作词、刘炽作曲的歌曲《我的祖国》应运而生，并得到了广大人民群众的喜爱和传唱。这首歌后来也成了电影《上甘岭》的主题曲，在影片中，“一条大河波浪宽”的动听旋律与志愿军战士对祖国的热爱和思念产生了巨大的共鸣，激励他们舍生忘死，为国而战。

“一条大河波浪宽，风吹稻花香两岸。

我家就在岸上住，听惯了艄公的号子，看惯了船上的白帆。

这是美丽的祖国，是我生长的地方。

在这片辽阔的土地上，到处都有明媚的风光。

姑娘好像花儿一样，小伙儿心胸多宽广。

为了开辟新天地，唤醒了沉睡的高山，让那河流改变了模样。

这是英雄的祖国，是我生长的地方。

在这片古老的土地上，到处都有青春的力量。

好山好水好地方，条条大路都宽畅。

朋友来了有好酒，若是那豺狼来了，迎接它的有猎枪。

这是强大的祖国，是我生长的地方。

在这片温暖的土地上，到处都有和平的阳光。”

思考：结合上文所学内容，分析歌曲名为“我的祖国”，开头却以“一条大河”“稻花”“艄公”“白帆”等意象写起的原因。

由上可见，“祖国”的概念带有浓厚的情感色彩，是人们文化和语言的源头，也是人们精神的归属地。正如法国作家雨果所说，“人民不能没有面包而生活，人民也不能没有祖国而生活”；德国诗人海涅也强调，“热爱自己的祖国是理所当然的事”。这都说明了“祖国”已经在历史积淀中成为人们不可缺少的精神家园。

一言概之，祖国是祖先开辟的生存之地，是人们出生成长的地方，人们崇拜、爱惜和捍卫这片世代相传的土地。因此，人们对祖国的感情也就相应地包括了对大好河山、灿烂文化以及骨肉同胞等对象的感情。

2. 社会意义上的“国家”

> 国家因人民而存在，而不是人民因国家而存在。
>
> ——阿尔伯特·爱因斯坦

一般来说，国家是指具有国际公认而又有相对明确政治边界的某一国土区域。国家并不是自古就有的，它是人类社会发展到一定阶段才出现的。在人类历史上，国家大概是在公元前 3 500 年的新石器时代晚期开始形成的。那个时候，人们从游牧生活逐渐转向定居农业生活，生活方式的变化对社会结构产生了深刻的影响，比原始族群、部落更稳定、更广泛的社会结构——国家的雏形由此逐渐发展起来，中国的夏王朝便是世界上最早形成的国家之一。

国家的出现对人类社会产生了深远的影响。国家能更好地管理社会资源，维护公共秩序，保护公民的权利，保持社会环境相对稳定，从而有利于经济、科学技术和文化的发展。

随着历史的不断演进和生产力的逐步提高，国家的形态也在不断变化，最后逐渐形成了现代国家。现代国家通常都有一些共同的特点，例如有明确的领土、居民、政府机构和法律体系，还会参与国际事务，与其他国家进行外交交流和合作。

拓展阅读

现代国家的基本要素和功能

（1）现代国家的基本要素

领土：指国家的地理空间，包括领陆、领水、领空。

人口：在国家内定居的居民，他们构成国家的主体。

政权组织：负责国家事务的机构，包括立法、行政和司法机关等。

主权：一个国家独立自主处理自己内外事务、管理自己国家的权力。

（2）现代国家的基本功能

维护国家安全：保障国家不受外部威胁和侵犯，确保国内秩序和稳定。

促进经济发展：通过制定政策和提供基础设施，促进经济增长和社会进步。

保障公民权利：确保公民的基本权利和自由，如合法私有财产不受侵犯、言论自由、信仰自由、享有平等权等。

参与国际事务：通过外交政策和国际合作，参与全球治理，解决国际问题。

总之，国家的形成是一个长期的过程。国家的形式和性质在历史上不断变化，但无论哪种形式和性质，都具有明显的社会属性和政治属性。现代国家往往与“公民”“社会”“权利”等联系在一起，它与人们的现实生活密切相关。人们要在社会中稳定生活，离不开国家提供的一系列保障。

3. 祖国与国家的关系

使举国之少年而果为少年也，则吾中国为未来之国，其进步未可量也。

——梁启超

通过上面的论述，我们可以知道“祖国”与“国家”存在显著的区别。从情感上来讲，“祖国”往往是温暖的、富有感性色彩的精神家园，而“国家”则是理性的、强调秩序的政治实体；从起源上来讲，“祖国”是自然而然产生的，“国家”则是人类社会发展到一定阶段后才出现的；从特征上来讲，“祖国”相对稳定，但作为政治实体的“国家”，其政权、人口、领土可能会因为历史演变而变化；从范围上来讲，“祖国”包含着一国历史上所有的自然要素和社会要素，所以它的范围比“国家”大。

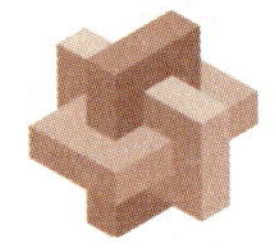

案例分析

方志敏："明媚的花园，将代替了凄凉的荒地"

方志敏是早期中国革命的领导人之一，1924年3月加入中国共产党。他是赣东北革命根据地和红军第十军的主要创建人。1935年1月，方志敏率领红军北上抗日途中，遭遇国民党重兵围追堵截，不幸被俘，并受尽酷刑。1935年8月6日，他在江西南昌英勇就义，年仅36岁。

在狱中，他写下了一系列文章和信件，其中《可爱的中国》最为著名，对中国后来的革命者和广大民众产生了深远的影响。以下是其中的一段节选。

"朋友，我相信，到那时，到处都是活跃跃的创造，到处都是日新月异的进步，欢歌将代替了悲叹，笑脸将代替了哭脸，富裕将代替了贫穷，康健将代替了疾苦，智慧将代替了愚昧，友爱将代替了仇杀，生之快乐将代替了死之悲哀，明媚的花园，将代替了凄凉的荒地！这时，我们民族就可以无愧色地立在人类的面前，而生育我们的母亲，也会最美丽地装饰起来，与世界上各位母亲平等地携手了。这么光荣的一天，决不在辽远的将来，而在很近的将来，我们可以这样相信的，朋友！"

思考："到那时"指的是什么时候？"母亲"与"祖国""国家"有着怎样的对应关系？

中华人民共和国成立以来，"祖国"与"国家"在中华大地上前所未有的一致。祖国是我们对国家的一种情感依托，我们因为热爱自己生长的地方，所以希望建设一个富强的国家。而国家是祖国的具体表现，没有了主权、政权组织、法律这些实实在在的东西，祖国就只能成为空中楼阁。所以在当代中国，我们在谈"爱国"的时候，既是爱我们的祖国，也是爱我们的国家。

第 2 节
从爱国情怀到爱国主义

在生活中，我们常会听到或看到这样的话："做一个爱国的人""向爱国者学习""爱国赤子心"等。其实，"爱国"的内涵非常丰富，简单来说，它包括"爱国情怀"和"爱国主义"，这两者并不一样。

爱国情怀侧重于感性方面，是爱国主义的情感基础；而爱国主义则侧重于理性方面，是爱国情怀的理性总结。爱国情怀是个人层面的情感反映，而爱国主义则是集体层面的价值取向和行动指南，两者并不是对立的，而是相辅相成、融为一体的。总的来说，爱国是爱国情怀与爱国主义的统一。

一、爱国情怀

"情怀"，指含有某种感情的心境，通常用来描述人们对某种事物或某个人的怀念、留恋、感慨等情感状态，如"高尚情怀""浪漫情怀"等。"情怀"和人们的价值观、信仰及人生经历紧密相连，是我们对生活、对世界的一种感受，这里面既有对过去岁月的回忆，也有对未来的憧憬。简单来说，"情怀"就是我们对于客观事物所持有的情感和态度。

爱国情怀，指的是个人或集体对祖国的深厚感情和积极支持的态度，是一种以热爱和认同、忠诚和奉献为表现的情感体验。它体现了人们对自己祖国的关心和眷恋，同时也是对自己家园、民族和文化的一种归属感、尊严感与荣誉感。爱国情怀，更多的是情感上的寄托，在认知上，是一种感性认同；在行动上，就是无私奉献。而且，爱国情怀不是只有英雄才有，我们每个人都有。

1. 爱国情怀是感性认同

我是中国人民的儿子，我深情地爱着我的祖国和人民。

——邓小平

所谓认同，简单来说就是一个人认为自己归属于哪个群体。在当代社会，我们每个人都有很多身份，所以认同也是多重的。例如，在家庭中我们是子女，在学校中我们是学生，在买东西时我们是消费者。但从更大的视角来看，我们每个人都属于同一个国家。一个人对自己所属国家在情感、文化和政治上的归属感、忠诚感和认同感，都体现为国家认同。真挚的爱国情怀，往往是在国家认同的基础上逐渐萌芽、生长的。

国家认同主要体现在政治和文化两大方面。政治认同，就是认可本国的政治制度、政治理念、法律体系等，在我国集中体现为拥护中国共产党的领导，认同中国特色社会主义制度。文化认同，是对本国的文化制度、核心价值观、传统文化等方面的认可，在我国首先体现为热爱祖国的语言文字和中华优秀传统文化等。无论哪一方面，国家认同都是个人和国家之间的精神纽带，是公民对国家的归属感和忠诚度的体现。

国家认同并不是虚无缥缈的，它有很多有形的或无形的载体。例如，博物馆中丰富的文物能激发人们对祖国悠久历史的认同，举世瞩目的经济建设成就则能激发人们对国家发展道路的认同等。认同，意味着理解与接纳。如果一个人认同自己的国家，他不仅会接受国家的历史与现状，而且会愿意为国家的未来和文明的延续努力作为。

案例分析

故宫文物南迁

——在硝烟中守护国之宝藏

1933 年，中国山河破碎之时，为了防止故宫文物被日寇劫毁，以易培基为代表的故宫人立下“人在文物在”的誓言，押运 19 000 多箱故宫文物南迁。时延十数年，跋涉万余里，辗转颠沛，备尝辛苦。

南迁困难重重，因此争议也很大。有人提议拍卖文物，购买武器用于抗日；有人则寄希望于通过国际干预来保障文物安全。留下，可稳军心；迁出，易散难聚。然而，故宫人坚持认为，文物绝不能作为战争的赌注。“只要文物在，中华文化的根就不会断，中华民族的精神就不会亡，中国人就不会做亡国奴。”文物南迁最终成为主流意见。

在这些文物中，有总计 79 338 卷、36 000 余册的《文渊阁四库全书》，有每只重约一吨、镌刻着神秘文字的先秦石鼓，更有薄似蝉翼、轻若浮云的填白脱胎瓷器……任意一件，都有着无可取代的历史文化价值。而在那时，负责运输的文物工作者不仅要面对天上的飞机、地上的枪炮，还要面对急流险滩、火灾水患，以及疾病和饥饿的侵袭。他们不仅要有视死如归的勇气，还要拥有细致入微的操作能力，以确保文物安全无虞。

最终，这批文物在历经重重困难后，完成了世界文物史上规模最大、历时最久、行程最长的大迁徙，创造了战争环境下保护国家文化遗产的伟大奇迹。

思考：为什么这些文物工作者要冒着生命危险保护这些“不会说话”的文物？国家文物对我们来说意味着什么？

文物工作者深知中华文明源远流长、博大精深，因此他们主动承担起了守护这些历史文化遗产的责任。这些珍贵的国宝得以保存下来，其代表的中华文明激发了一代又一代中国人对祖国的认同和热爱之情。

爱国情怀是对国家历史、文化、价值观念和发展道路的深刻理解和认同。它不仅仅是一种观念，更是一种浓厚的情感。作为爱国情怀的基石，这种认同让每个人的命运都与国家紧密相连，让我们每个人都成为历史记忆的参与者和书写者。

2. 爱国情怀是无私奉献

> 常思奋不顾身以殉国家之急。
>
> ——司马迁

苏联作家高尔基说：“生命的意义在于奉献，而不在于索取。”奉献，是一种高尚的精神境界和行为表现。它意味着为了远大的理想、他人和社会，人们自愿放弃一部分甚至全部个人的利益，以实际行动贡献自己的力量。奉献精神，是我们对社会、集体或他人的深厚情感和强烈责任感的体现。它是推动社会进步、增进人类福祉的重要力量，也是厚植爱国情怀的行动指南。

爱国情怀不仅是人们内心对国家的热爱与忠诚，更体现为奉献精神。真正的爱国不会只停留在口头上，而往往蕴含着自我牺牲的底色。它让我们超越个人利益，为了国家的繁荣和民族的尊严，勇敢地承担起责任与使命。

这样的奉献，既体现在日常生活的点滴中，也彰显在国家和民族需要的关键时刻。无论是战火纷飞的岁月，还是和平安定的年代，对祖国的热爱之情和奉献精神都激励着人们为国家的繁荣稳定贡献自己的力量。

拓展阅读

朱彦夫：当代中国的“保尔·柯察金”

朱彦夫，1933 年 7 月出生在山东淄博，曾荣获“时代楷模”、全国模范伤残军人等荣誉称号。2019 年 9 月，国家主席习近平签署主席令，授予朱彦夫“人民楷模”国家荣誉称号。

朱彦夫在 14 岁时就毅然参军入伍，将青春和热血奉献给了祖国。他先后参加了淮海战役、渡江战役等上百次战斗，3 次立功，10 次负伤，做过 47 次手术。在抗美援朝的一次战斗中，他身负重伤，失去了四肢和左眼，成为一级伤残军人。

然而，朱彦夫并未被困境击垮。凭借顽强的毅力和对国家的热爱，他重新站立起来，不仅能够生活自理，还积极投身家乡建设，担任了 25 年村党支部书记。在这期间，朱彦夫带领村民进行了大量的基础设施建设和农业生产方式的改革。他拄着拐，拖着假肢，亲自到田间地头查看生产情况，逐门逐户察访民情。在他的带领下，他的家乡发生了翻天覆地的变化，从一个贫穷落后的小山村变成了远近闻名的先进村。

即使在退休后，朱彦夫也并未停止为国家作贡献。他用残肢抱笔，将自己的经历体会写成小说，用坚强意志和爱民情怀书写着自己的“极限人生”，被誉为“中国的保尔·柯察金”。

朱彦夫的一生波澜壮阔。在不同的年代、不同的人生阶段，他都坚定地选择为祖国不懈奋斗。他的英勇事迹和顽强毅力源于他对国家和人民的深厚情感。他用自己的行动生动诠释了爱国情怀和奉献精神。他的故事将永远激励每一位中国人不断前行。

3. 爱国情怀是情感共鸣

> 天下兴亡，匹夫有责。
>
> ——顾炎武

爱国情怀不是只有英雄才能拥有，它藏在每个国民的心里，是大家都能拥有、都能表达出来的情感。英雄人物通常因为其杰出的贡献而被人们铭记，他们的爱国情怀往往更加引人瞩目。但其实，普通人也同样拥有深厚的爱国情怀。这种情感，如同涓涓细流，渗透进平凡生活的每一个角落，汇聚成推动国家前进的强大动力。

在每个普通的岗位上，都有人在默默努力，用他们的汗水和智慧，为国家的发展添砖加瓦。他们是为学生授业解惑的教师，是守护人民健康的医生，是用勤劳的双手建造未来的工人……普通人的辛勤工作，就是对国家最朴实的爱，是对国家最切实的贡献。

拓展阅读

王继才、王仕花：守岛卫国 32 年的夫妇

开山岛位于中国东海，面积仅有 0.013 平方千米，是一个无人居住的小岛。但由于靠近中国东部海域的重要航道，因此有着重要的战略意义。1986 年，王继才接受了驻守开山岛的任务，成为这个小岛的守护者。他的妻子王仕花不久后也跟随丈夫来到岛上，两人开始了长达 32 年的孤岛生活。

在这 32 年的时间里，他们不仅要面对恶劣的自然环境，还要应对孤独和寂寞。他们没有电视、没有网络，甚至连淡水都要靠外界补给。尽管条件艰苦，但他们始终坚守岗位，日复一日地巡逻，确保岛上的灯塔始终点亮，指引过往船只安全航行。他们的工作对于保障海上交通安全和维护国家领土完整具有重要意义。

2018 年，58 岁的王继才在岛上工作时突发疾病去世。他的妻子王仕花选择继续留在岛上，守护丈夫未竟的心愿，守护这座海上灯塔。王继才夫妇的故事感动了中国，他们的坚守和牺牲体现了对国家和人民深厚的责任感。

习近平总书记对王继才同志先进事迹作出重要指示，强调我们要大力倡导这种爱国奉献精神，使之成为新时代奋斗者的价值追求。2019 年，王继才被授予“人民楷模”国家荣誉称号。同时，他和王仕花的故事也被广泛传播。

“谁说站在光里的才算英雄”，爱国情怀是每个公民都可以和应该拥有的品质。在国家的建设和发展中，爱国之举不论大小。每个人的爱国情怀都是宝贵的，只要能够为国家的繁荣稳定作出贡献，都值得尊敬和发扬光大。

二、爱国主义

“主义”通常指的是一种思想体系、理论观点或主张。它可以是对某种特定理念、原则或政策的坚持和推崇，也可以是一种社会思潮或哲学观点。在不同的领域，“主义”可以涵盖各种理论和实践，如社会主义、自由主义等。总的来说，“主义”是一种系统的思想或行动指南，用来在特定领域里指导我们怎么思考和行动，它更强调理性。

相比爱国情怀，爱国主义是一个更系统、更理性的思想体系，它涵盖了爱国主体、爱国方式、爱国理念、爱国行动等一系列关于爱国的概念。爱国主义不仅包含爱国的情感，还涉及对历史传统、文化遗产和国家利益等方面的维护和促进。在认知层面，爱国主义是一种理性思考；在行动层面，爱国主义是我们的基本义务。而且，爱国主义和民族主义是有本质区别的。

1. 爱国主义是理性思考

爱国主义不仅仅是口号或符号，它是一种深刻的思考和理性的选择。它要求我们在对国家的热爱与忠诚中，融入理性的思考，是一种有深度、有广度的情感态度。这种情感里，既有对国家的深厚感情，也有对国家历史、现状和未来的正确思考。

爱国主义的思考体现在对国家现实的理性分析上。真正的爱国者，在看待国家时会理性地分析国家的现实情况。他们会为国家的辉煌成就感到自豪，但也会正视国家经历的曲折和挑战。面对国家的现状，他们既不会盲目乐观，也不会无端悲观。他们会客观地分析国家的优势和不足，然后积极参与国家的建设和改革。他们提出建设性的意见和建议，让爱国主义建立在理性认识的基础上，为国家的长远发展提供方向指引。

不同的时代，因为面临的现实不同，爱国主义的表现也会有所不同。但无论如何，爱国主义的最终目的都是维护祖国最长远、最核心的利益。在我国，作为一种理性思考的爱国主义思想，真正兴起于 20 世纪。当时，为了挽救国家危亡，一大批不同阶层、背景的思想家对“爱国主义”这个命题进行了探讨。新文化运动的先驱、中国共产党早期的领导人之一的陈独秀，就是其中的一位。

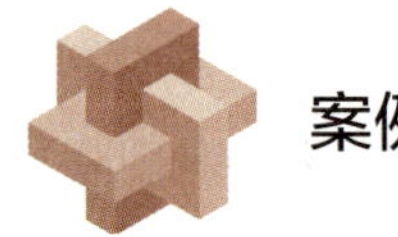

案例分析

陈独秀："我之爱国主义在笃行自好"

1916年10月，陈独秀在《新青年》杂志上发表了《我之爱国主义》一文，针对当时国家动荡、内忧外患的严峻形势，表达了自己的爱国主义思想。在文中，他呼吁民众要认识到爱国不仅仅是为国捐躯，更重要的是在日常生活中的实践和努力，以期唤醒人们的理性爱国意识。

"今其国之危亡也，亡之者虽将为强敌，为独夫，而所以使之亡者，乃其国民之行为与性质。欲图根本之救亡，所需乎国民性质行为之改善，视所需乎为国献身之烈士，其量尤广，其势尤迫。故我之爱国主义，不在为国捐躯，而在笃行自好之士，为国家惜名誉，为国家弭乱源，为国家增实力。我爱国诸青年乎！为国捐躯之烈士，固吾人所服膺，所崇拜，会当其时，愿诸君决然为之，无所审顾；然此种爱国行为，乃一时的而非持续的，乃治标的而非治本的。"

节选内容大意为：现在国家处于危亡之中，虽然灭亡的原因将是强敌或暴君，但是导致国家灭亡的根本原因，是国民的行为和素质。想要从根本上拯救国家，需要国民改善自己的行为和素质，这比需要为国捐躯的烈士更加重要，更加迫切。所以，我们的爱国主义，不仅仅是为国捐躯，更重要的是做好自己，珍惜国家的名誉，为国家消除动乱的根源，增强国家的实力。爱国的青年们啊！为国捐躯的烈士，当然是我们所敬仰崇拜的，在必要的时候，我希望你们能够毫不犹豫地为国捐躯，不要有任何顾虑；但这种爱国行为，只是一时的而非持久的，只是治标的而非治本的。

思考：陈独秀为什么说"故我之爱国主义，不在为国捐躯，而在笃行自好"，他所理解的爱国主义是什么含义，对我们有什么启发？

可以看出，理性思考的爱国主义是讲究逻辑的。它不是盲目的、冲动的热情，而是对现实状况进行分析、推理后得出的真理。这种爱国主义，是深思熟虑后的行动指南，是愿意持续为国家的繁荣稳定付出努力的决心。

在新时代的征程上，这种理性的爱国主义，是推动国家发展与进步的重要力量，也是塑造国家形象、提升国家软实力的关键因素之一。

2. 爱国主义是基本义务

> 人民不仅有权爱国，而且爱国是个义务，是一种光荣。
>
> ——徐特立

所谓义务，就是一个人在政治、法律、道德上应尽的责任。在现代社会中，公民在享受权利的同时，也应当承担相应的义务。在我国，爱国主义不仅是个人的情感与思考，也是全社会公认的道德准则，更是每个公民应尽的基本义务，这一点在我国的根本大法——《中华人民共和国宪法》（以下简称《宪法》）中得到了明确规定。

《宪法》第二十四条规定："国家倡导社会主义核心价值观，提倡爱祖国、爱人民、爱劳动、爱科学、爱社会主义的公德，在人民中进行爱国主义、集体主义和国际主义、共产主义的教育，进行辩证唯物主义和历史唯物主义的教育"。

《宪法》第五十四条规定："中华人民共和国公民有维护祖国的安全、荣誉和利益的义务，不得有危害祖国的安全、荣誉和利益的行为。"

为了进一步使爱国主义教育规范化、制度化，2023 年 10 月，第十四届全国人民代表大会常务委员会第六次会议通过了《中华人民共和国爱国主义教育法》，自 2024 年 1 月 1 日起在全国施行。该法律强调了爱国主义教育的重要性，对不同群体的爱国主义教育作出了相应规定，以确保爱国主义精神深入人心，成为全体中华儿女的坚定信念和自觉行动。

拓展阅读

《中华人民共和国爱国主义教育法》中对公民的要求

第三十七条　任何公民和组织都应当弘扬爱国主义精神，自觉维护国家安全、荣誉和利益，不得有下列行为：

（一）侮辱国旗、国歌、国徽或者其他有损国旗、国歌、国徽尊严的行为；

（二）歪曲、丑化、亵渎、否定英雄烈士事迹和精神；

（三）宣扬、美化、否认侵略战争、侵略行为和屠杀惨案；

（四）侵占、破坏、污损爱国主义教育设施；

（五）法律、行政法规禁止的其他行为。

由此可见，爱国既是每个国民心中的崇高情感与思想，也是一项深刻而庄严的义务。作为社会的一员，我们每个人都有责任维护国家荣誉、促进国家发展、保障国家安全。

3. 爱国主义不等于民族主义

爱国心和人类爱是同一的。

——甘地

与爱国主义相关的一个词是民族主义，很多人经常会将二者混为一谈，把民族主义的言行错当成爱国主义。事实上，这两个概念虽然有相似之处，但本质上是不同的。

爱国主义是一种深厚的情感，它源于人们对自己的国家、文化和人民的热爱。这种情感激励着人们为国家的繁荣和人民的福祉贡献力量。爱国主义者关心的是国家和民族的整体利益，他们为了国家的长远发展而努力。在他们看来，国家不仅是一个政治实体，更是文化传承和命运与共的家园。

与爱国主义不同，民族主义更强调民族的优越性和独特性。民族主义者往往认为自己的民族是优越的，有时甚至表现出对其他民族的排斥或蔑视。这种想法容易引起矛盾和冲突，因为它只考虑本民族的利益，忽视了与其他民族和谐相处的重要性。极端民族主义甚至会成为种族主义和法西斯主义的温床。

在全球化日益深入的今天，我们应该倡导开放、包容的爱国主义。真正的爱国主义者，既关心本国的利益，也尊重其他国家和民族的利益。

案例分析

“和谐共生”
——共筑新时代全天候中非命运共同体

“‘强不执弱、富不侮贫’，世界各国没有高低贵贱、强弱优劣的差别，只有背景特色、道路方式的不同。”2024 年 8 月，国家主席习近平在给非洲 50 国学者的复信中如此强调。中非人民在争取民族解放的斗争中患难与共、肝胆相照，在探索现代化的道路上命运与共、精诚合作，结下了同呼吸、共命运、心连心的兄弟情谊。

2000 年，中非合作论坛迎着新世纪的曙光应运而生。依托这一重要平台，从蒙内铁路、刚果（布）国家 1 号公路，到莫桑比克马普托跨海大桥、喀麦隆克里比深水港，再到埃塞俄比亚东方工业园、海信南非工业园……中非携手建起一条条公路、铁路，一座座学校、医院，一片片工业园区、经济特区，改变了无数人的生活和命运。

在坦桑尼亚，中非合作的“小豆子、大营养”项目，让当地人爱上营养丰富的“中国味道”——豆浆，过上更加健康的生活；在科特迪瓦南部迪沃省的格格杜垦区，非洲小伙本杰明正熟练驾驶着中国制造的联合收割机在稻田里穿梭，他称赞“中国的水稻品种和种植技术让产量翻了一番”；在乌干达的中乌姆巴莱工业园，当地工人正忙着加工制造本土产品，“前店后厂”模式推动“非洲制造”走向世界；夜幕降临，喀麦隆恩杜马莱村里，中国企业捐助的太阳能照明灯照亮了夜间的学校广场，村民们在灯光下载歌载舞……

2024 年 9 月，国家主席习近平出席中非合作论坛北京峰会开幕式并发表主旨讲话。习近平主席提议，面向未来，将中非关系整体定位提升至新时代全天候中非命运共同体。让我们凝聚起 28 亿多中非人民的磅礴力量，在现代化征程上携手同行，以中非现代化助力全球南方现代化，绘就人类发展史上崭新画卷，共同推动世界走向和平、安全、繁荣、进步的光明前景！

思考：有人说，“中国和非洲各国真正的爱国者都会愿意为构建中非命运共同体作出贡献”，请分析这种说法的合理性。

“各美其美，美人之美，美美与共，天下大同。”在处理国际关系时，中华人民共和国对外积极倡导和平共处五项原则，强调国家间的和平与合作。面对国际争端，中国政府在外交舞台上，不仅重视国家利益，也遵循国际法原则。这种态度不仅体现了崇高的国际主义精神，也彰显了真正的爱国主义精神——关心并追求国家的整体利益，而不是被狭隘的民族主义所局限。

爱国主义不等同于民族主义，爱自己的国家和人民，并不意味着要排斥别的国家和人民。我们应该用更加开放和包容的心态来展现对国家的热爱。这样，我们才能真正为国家的和谐稳定、繁荣发展作出贡献。让我们弘扬真正的爱国主义精神，为构建一个更和谐的世界献出一份力量！

知识巩固

通过本章的学习，请结合自己的思考回答下列问题。

1. 请用一句话总结“爱国”是什么。
2. 列举几种你所了解的“大爱”。
3. 对“祖国”的爱可以包含哪些方面?
4. 结合自身经历，谈一谈你自己的爱国情怀是怎样产生的。
5. 如何判断一种行为是爱国主义还是民族主义?请举例分析。

第 2 章
为什么要爱国？

章首语

对于“为什么要爱国”这个问题，很多人可能会回答“爱国是一种本能，不需要理由”。确实，爱国是大多数现代国家公民天生就有的情感，但也有充分的理由。无论是回顾历史还是着眼当下，我们都深刻感受到，爱国是每个人的必然选择。

爱国，是中华民族五千多年来的光荣传统，贯穿在历史的长河中。爱国也是世界各国人民的共同情感，人类文明中因此而产生了无数可歌可泣的故事。在现实生活中，爱国不仅是个人的安身之基、立德之源、立功之本，更是中华民族伟大复兴的动力源泉。

学习目标

1. 熟悉爱国传统在中国历史上的各种表现。
2. 了解世界上与爱国有关的事件和人物。
3. 掌握爱国对个人发展成长的重要意义。
4. 掌握中国道路、中国精神的内涵。

第 1 节 爱国是中华民族的优良传统

2013 年 10 月，习近平总书记参加欧美同学会成立 100 周年庆祝大会时讲道：“在中华民族几千年绵延发展的历史长河中，爱国主义始终是激昂的主旋律，始终是激励我国各族人民自强不息的强大力量。”他还强调，“历史深刻表明，爱国主义自古以来就流淌在中华民族血脉之中，去不掉，打不破，灭不了”。

对于中华民族来说，爱国是悠久绵长、一脉相承的光荣传统，也是我们民族精神的核心。早在 2 000 多年前的《战国策·西周策》中，就以“周君岂能无爱国哉”记载了“爱国”这一概念。在历史上，爱国传统就像一条不断流淌的江河，汇聚成强大的精神力量，滋养着中华民族的精神土壤，引领着中国人民在一次次考验中砥砺前行。

一、维护统一，反对分裂

> 死去元知万事空，但悲不见九州同。王师北定中原日，家祭无忘告乃翁。
>
> ——陆游

孟子有言“天下定于一”，意思就是天下统一了，四处才能安宁。公元前 221 年，秦始皇统一六国，结束了春秋战国长期分裂的局面，建立了中国历史上第一个统一的多民族中央集权国家。从那之后，中国的历史便具备了一个显著的特征，那就是维护统一、反对分裂。虽然在封建王朝末期，有时会出现分裂割据的局面，但最终还是会按照“分久必合”的历史规律走向统一。从汉唐到明清，大一统的思想深深植根于中华民族的文化基因中，成为历代统治者和百姓共同的愿望。

西汉时期，汉武帝通过一系列军事行动，巩固了边疆的安全，还派遣张骞出使西域，加强了中原和西北地区的联系；南北朝时期的俚人首领冼夫人，平息了岭南地区的民族冲突，帮助隋朝完成了统一，她因此被誉为“中国巾帼英雄第一人”；明清之际，名将郑成功收复台湾，使宝岛台湾重回祖国怀抱；清朝建立后，康熙帝平定了三藩之乱，乾隆帝平定了大小和卓叛乱，遏制了企图分裂国家的势力，加强了对西北边疆的管控。

案例分析

左宗棠：抬棺西征，收复新疆

清朝末年，由于内忧外患，清廷在新疆的统治几近崩溃，新疆多地发生动乱。1865 年，阿古柏侵占新疆南北各地，悍然宣布成立“哲德沙尔汗国”。1871 年，沙俄出兵强占中国伊犁地区。

面对新疆的危局，清廷内部对是否出兵收复失地产生了分歧。李鸿章等人认为，新疆人口稀少，环境恶劣，交通不便，即使没有这块疆域也没什么影响。而且打仗也意味着要有大量的资金、人力支持，代价巨大。再加上敌人十分强悍，有英、俄做靠山，胜算微乎其微，不应该打这场仗。

然而，陕甘总督左宗棠坚决反对放弃新疆。他认为天山南北物产充盈，矿藏丰富，并非荒漠之地，而是聚宝盆，且新疆是“国家根本”，若直接拱手相让将会成为千古罪人。他叫人给自己打制了一口漆黑的棺材，最初就停放在兰州的陕甘总督衙门的院子里，向朝臣和将士宣告，收复新疆，矢志不渝，令那些反对西征的人瞠目结舌。

随后，年近古稀的左宗棠被任命为钦差大臣，全权负责收复新疆事务。1876 年，也就是光绪二年，左宗棠在肃州举行祭旗仪式，抬棺西征。在不到两年的时间里，运用“先北后南”“缓进急战”等战略方针，成功收复了新疆全境，尔后奏请朝廷派出使臣进行严正交涉，迫使沙俄交还了伊犁。自此，天山南北再次回归中国版图，维护了国家领土完整。

左宗棠雕像

思考：除了新疆资源丰富这个理由外，左宗棠为什么坚决认为必须收复新疆？你还能想到哪些原因？左宗棠抬棺西征彰显了怎样的精神？

左宗棠收复新疆的故事展现了他不畏强敌、勇于抗争的精神，也彰显了中华民族维护统一、反对分裂的历史传统。除了抵御强敌，还有一些以和平的方式促进民族团结和国家统一的美谈。汉朝王昭君出塞，加强了汉族与其他民族之间的经济文化交流，对维护民族团结和边疆稳定起到了很大作用。唐朝文成公主入藏，不仅带去了中原的先进文化和生产技术，还增进了汉藏两族的团结和友谊，对西藏地区的社会经济文化发展产生了深远影响。

历史告诉我们，统一就稳定，分裂就混乱，任何想分裂国家、分裂民族的行动都不会得逞。可以说，中国几千年的历史，就是不断追求统一、维护统一，反对分裂、消灭分裂的历史。民族团结、国家统一是人心所向，也是爱国主义传统的重要内容。

二、忧国忧民，心系百姓

先天下之忧而忧，后天下之乐而乐。

——范仲淹

《尚书》有言："民为邦本，本固邦宁。"人民是国家的根基，爱国、报国的目的，归根结底是要造福黎民百姓，否则只能是空中楼阁。中国历史上，先贤们无不以"治国平天下"为己任，用文韬武略守护天下百姓的安宁幸福。无论是执法理政，还是守土卫边，都在史书中书写了一段又一段传奇，给我们留下了宝贵的精神财富。

三国时期的诸葛亮，以其卓越的军事才能和政治智慧著称，他坚持"鞠躬尽瘁，死而后已"，关心民生，提倡农耕，努力改善百姓生活；北宋的包拯，在执法断案时不畏强权，铁面无私，为平民百姓争取公平正义，被誉为"包青天"；南宋的岳飞，一生矢志于"精忠报国"，他组建的岳家军纪律严明，"冻死不拆屋，饿死不掳掠"，深受百姓爱戴。

案例分析

杜甫："安得广厦千万间，大庇天下寒士俱欢颜！"

杜甫，字子美，自号少陵野老，对中国古典诗歌影响深远，被后人称为"诗圣"。杜甫生活在唐朝由盛转衰的时期，他亲眼见证了"安史之乱"带来的社会动荡和人民苦难，他的诗多涉及社会动荡、政治黑暗、百姓疾苦，被誉为"诗史"。

杜甫一生写了 1 500 多首诗，其中很多是传颂千古的名篇，如"三吏"和"三别"。在《新安吏》中，他写"眼枯即见骨，天地终无情"；在《无家别》中，写"存者无消息，死者为尘泥"；还有《垂老别》中的"积尸草木腥，流血川原丹"。在这组诗中，杜甫从不同的角度，以不同人的身份，对乱世中的见闻进行了仔细的记录，深刻描写了战争给人民带来的巨大灾难，表达了他对饱受战祸摧残的百姓的同情。

杜甫的高尚品格，不仅体现在他的诗歌创作中，还体现在行动上。尽管杜甫一生颠沛流离，但他始终没有放弃对国家的忠诚和对社会正义的追求。安史之乱期间，即使在个人生活极端困苦的情况下，他也依然关心国家大事，曾多次向朝廷上书，提出治国理政的建议。就像在《茅屋为秋风所破歌》中，他高呼"安得广厦千万间，大庇天下寒士俱欢颜"！哪怕"吾庐独破"也死而无憾。

思考：在《茅屋为秋风所破歌》中，杜甫的居住环境“布衾多年冷似铁”“床头屋漏无干处”，但却仍然想着天下的“寒士”是否有“广厦”可居住，这体现了怎样的精神境界?

杜甫的一生，是爱国情怀和社会责任感的生动写照。他用诗歌记录了时代的声音，表达了对国家的忠诚、对百姓疾苦的同情和对社会正义的追求。他的作品，不仅是文学的瑰宝，更是中华民族精神的体现，展现了中华先贤深厚的爱国情感和社会责任感。

近代以来，无数志士仁人继承了先辈的古训遗志。中国现代文学的奠基人鲁迅，以笔为剑、针砭时弊，《狂人日记》《阿 Q 正传》等作品深刻揭示社会黑暗，激发国人觉醒；周恩来总理，青年时就立志“为中华之崛起而读书”，一生勤勉无私、鞠躬尽瘁，深受人民爱戴；国之瑰宝宋庆龄，支持中国革命，投身于妇女与儿童的文化、教育、卫生与福利事业中，始终关心人民的切身利益。可以说，这种忧国忧民、心系百姓的情怀，是中华民族一脉相承的精神基因。

三、捍卫主权，抵御侵略

起来！不愿做奴隶的人们！把我们的血肉，筑成我们新的长城！

——田汉《义勇军进行曲》

自古以来，中国就不断面临来自各方的侵略与威胁。面对强敌，中国人民展现出了不畏强暴的勇气和同仇敌忾的团结力量，坚决与入侵者进行斗争，抵御外侮。明朝嘉靖年间，日本海盗侵扰东南沿海地区，将领戚继光率领“戚家军”成功驱逐了倭寇，为沿海百姓重新带来了安定与幸福。清朝康熙年间，沙俄妄图侵占中国黑龙江流域大片领土，清廷奋起自卫，成功抵御了沙俄的扩张。

到了近代，中华大地烽烟滚滚，主权被侵犯，国土被侵占，命运被操纵。在这样的危急局势下，中国人民的斗争勇气空前高涨。鸦片战争中，广州三元里人民手持长矛、大刀、藤牌等冲向敌人炮台；老弱妇孺送粮，青壮年上阵，一时之间，数万人义愤填膺，自发集结。甲午中日战争中，北洋海军与侵略者进行殊死搏斗，邓世昌指挥的致远舰奋勇冲向敌舰，不惜与敌人同归于尽，誓死捍卫国土。

1931 年至 1945 年，抗日战争更是掀起了中华民族反侵略的高潮。从白山黑水到万泉河畔，从青藏高原到东南沿海，地不分南北东西，人不分老幼贫富，抵抗外来侵略、挽救民族危亡成为中华儿女的共同意志。大江南北，到处是“母亲叫儿打东洋，妻子送郎上战场”的悲壮场面。中国人民在极其艰苦的条件下，英勇抵抗，展现了中华民族不屈不挠的斗争精神和捍卫国家主权的坚定决心。

案例分析

同仇敌忾
——全民族团结抗日

在抗日战争这场艰苦卓绝的伟大斗争中，各爱国党派、各社会阶层、各团体以及海外华侨同仇敌忾，共赴国难。全国上下一心，上至达官贵人，下至贩夫走卒，都参与到了抗战中来。

中国各民族同胞共同抗击侵略者，满族、蒙古族、朝鲜族、回族、藏族、维吾尔族等少数民族，都组织了抗日武装，如蒙古族人乌兰夫领导的蒙旗保安总队等，参与了正面战场和敌后战场的战斗。中国共产党领导的抗日武装力量中，更是有许多来自少数民族的杰出将领，如东北抗日联军中有朝鲜族人朴英山、李红光，八路军中有回族人马本斋、土家族人廖汉生，新四军中有侗族人粟裕等。

海外华侨也在抗日战争中发挥了不可忽视的作用。他们不仅在经济上大力支持祖国抗战，还组织了各种抗日团体，积极宣传抗日，有的甚至直接回国参战。例如，美国的“飞虎队”中有许多是华侨或华裔飞行员，他们驾驶飞机，英勇作战，为保卫中国领空立下了汗马功劳。在东南亚，华侨组织了南洋华侨机工回国服务团，数千名华侨青年回国，担任司机和机修工，为抗日战争的后勤运输作出了巨大贡献。在世界各地，华侨通过捐款、捐物、组织义演等方式，为抗日战争提供了源源不断的支援。

抗日战争是中国人民一次空前的大团结，无论是在中国本土的各民族、各阶层人民，还是远在海外的华侨，都凝聚在保家卫国的旗帜下，为抗日战争的胜利贡献了力量，展现了中华民族的坚韧不拔和团结精神。

思考：在危急的历史关头，中华民族为什么能凝聚起如此强大的力量?

在一次次反对外来侵略的伟大斗争中，中华民族形成了万众一心、共赴国难的民族团结意识，不畏强暴、敢于同敌人血战到底的民族英雄气概。为了抵御外侮、保家卫国，无数英雄儿女以血肉之躯，铸就了中国历史上一座座不朽的丰碑。林则徐、关天培、邓世昌、杨靖宇、赵一曼、张自忠、左权……一位位英雄人物在抗击侵略的战斗中以身许国，为民族解放献出了生命，他们的壮举和品格，永远铭记在中国人民心中。

四、改革进取，变法图强

路漫漫其修远兮，吾将上下而求索。

——屈原

在中国的爱国传统中，居安思危、未雨绸缪的忧患意识是很重要的内容。这种忧患意识提醒着人们，时时自省，防微杜渐，而且为了化解现有或潜在的危机，必须革故鼎新，做到“守正不守旧、尊古不复古”。改革是推动历史前进的力量，是国家富强、社会进步的需要。

在国家面临危机或民生凋敝时，许多政治家和思想家都会深入思考，提出改革方案，奋发图强、励精图治。例如，战国时期的商鞅，在秦孝公的支持下实行变法，废井田、开阡陌、奖耕战等，为秦统一六国奠定了坚实的基础；北宋的政治家王安石，面对国家财政困难，推行了方田均税法、农田水利法、青苗法等，在《答司马谏议书》中以“至于怨诽之多，则固前知其如此也”表达了改革到底的决心；明朝的张居正则推行“一条鞭法”以整顿吏治、减轻百姓负担，展现了他变革的勇气和智慧。

案例分析

屈原：“虽九死其犹未悔”

屈原是楚国贵族出身，他才华出众，深受楚怀王的赏识，年轻时就得到了重用，担任左徒和三闾大夫等要职。同时，他深感国家内忧外患，社会腐败，人民困苦，因此主张进行政治改革，以增强国家实力，改善民生。为此，他提出了一系列改革主张，包括加强法制、选拔贤能、整顿军队、减轻赋税等，力图使楚国走向富强。

然而，他主张的改革触及了贵族和既得利益者的利益，遭到了强烈的反对和排挤。政敌在楚王面前散布谣言，导致屈原被疏远，最终被流放到南方的边远地区。凭借屈原的才华，选择他国谋事易如反掌，然而他却始终没有离开楚国半步。尽管处境艰险，他也始终心系国家安危。在《离骚》中，他写下“岂余身之惮殃兮，恐皇舆之败绩”的千古名句，意思是“难道我害怕招灾惹祸吗，我只担心祖国为此覆没”！

在流放期间，他依然时刻挂念国事，并运用“楚辞”这种独特的文学形式，创作了许多不朽诗篇，表达了自己忧国忧民、呕心沥血的爱国情怀。公元前 278 年，楚国都城陷落。这一年农历五月初五，屈原写下以期唤起国民的绝笔之作《怀沙》后，带着对祖国的满腔热爱和眷念，抱着一块石头，跳进了汨罗江中，用自己的生命谱写了爱国主义的悲壮之歌。

思考：楚国的君主和大臣不接受屈原的改革主张，将他流放出去，屈原为什么还一直心系楚国的安危，甚至不惜以死殉国？

屈原的故事，展现了他在政治变革中突出的进取精神，对国家的忠诚，对人民的深切关怀。屈原是中国古代无数仁人志士的代表。尽管在变法革新的过程中会遭遇各种阻挠和艰险，甚至可能付出生命的代价，但这些仁人志士也不愿苟且偷安。这种忧患意识和进取精神，是更深沉的爱国情怀。

清朝末年，由于西方殖民者的入侵和朝廷的懦弱腐败，中国面临着被“瓜分豆剖”的危险。和古代中国普遍的“忠君爱国”不同，许多进步人士认识到，要避免亡国的悲惨命运，就必须进行更大程度的改革甚至是革命。维新派领袖谭嗣同，主张变法图强，愿以一己之躯唤醒民众，留下了“我自横刀向天笑，去留肝胆两昆仑”的壮语；民主革命志士秋瑾，勇敢冲破封建枷锁对女性的束缚，以“拚将十万头颅血，须把乾坤力挽回”的雄心，投身到反封建的斗争中，慷慨赴死。

1911 年，辛亥革命成功推翻了清王朝的统治，建立了中华民国，证明了变革、革命才是救国的出路。这一系列的抗争与变革，唤醒了人民大众的民族意识，激发了中国人民对国家未来的思考和探索，也使人们意识到，真正的爱国不是顽固不化、墨守成规，而是要有变革的勇气和牺牲的决心，去开辟更加光明的道路。

五、砥砺奉献，实干兴国

> 各出所学、各尽所知，使国家富强不受外侮，足以自立于地球之上。
>
> ——詹天佑

19 世纪中叶，世界已进入了资本主义时代，西方国家先后完成了工业革命，而中国却依然处于农耕社会。国门被迫打开后，一部分有识之士开始“睁眼看世界”，努力寻找改变国家贫穷落后状况的办法。他们在科技、经济、教育等各个领域采取了很多实际措施，为国家谋求富强。

在科学技术领域，涌现出了一批批科学家和工程师，他们致力于科技兴国，为国家建设作出了重要贡献。“中国铁路之父”詹天佑，主持修建了中国第一条完全由中国人自行设计、自己施工的京张铁路，还参与了多条重要铁路的勘察、设计和施工，为中国的铁路网构建作出了重大贡献。“中国航空之父”冯如，在美国掌握飞机制造、驾驶技术后，率领核心技术人员，携带两架飞机，返回祖国，点燃了中国航空工业的火种。

在经济领域，许多爱国企业家积极创办实业企业，践行“实业救国”的理念。张謇就是其中的代表，他放弃了科举状元的官位，回到家乡创办了大生纱厂等一系列企业，提倡“棉铁政策”，主张以发展棉纺织业和钢铁工业为中心，带动其他经济部门发展，走发展工业的强国之路。被誉为“中国化工之父”的范旭东，创办永利制碱公司，打破了外国对中国纯碱市场的垄断，成功生产出“红三角”牌纯碱，开创了中国化学工业的新纪元……这些举措，都为中国的现代化进程作出了不可估量的贡献。

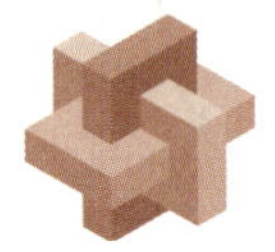

案例分析

陈嘉庚：华侨旗帜，民族光辉

1874 年，陈嘉庚出生于福建同安（今厦门）。早年，他随父亲远赴新加坡谋生，投身于商海。在异国他乡，陈嘉庚凭借敏锐的商业洞察力和坚韧不拔的奋斗精神，在橡胶业中崭露头角，逐渐积累了可观的财富，成为南洋橡胶业的领军人物及华侨领袖。然而，他从未忘记自己的根，始终心怀大洋彼岸的祖国。他常说：“我们如果终日只知发财，不知救国，纵然发了财，但做了亡国奴，有什么用?”

陈嘉庚意识到，中国积贫积弱的重要因素在于教育。为此，他怀着“为吾国放一异彩”的宏愿，从新加坡毅然回国，决心将财富和精力都投入祖国教育事业中。1913 年，陈嘉庚在家乡厦门创办了集美小学，后又增办师范、中学、水产、航海、商业、农业等学校，统称为“集美学校”，为当地乃至周边地区提供了全面而优质的教育资源。1921 年，陈嘉庚创办了厦门大学，这标志着中国高等教育体系的一次重大突破。

陈嘉庚雕像

抗日战争期间，陈嘉庚不仅慷慨解囊，支援抗战，更组织成立了南洋华侨筹赈祖国难民总会，积极动员南洋华侨为祖国抗战贡献力量。1938 年，陈嘉庚当选为南洋华侨筹赈祖国难民总会主席，他冒着枪林弹雨亲自前往各地考察战况，慰问抗日将士和难民，并旗帜鲜明地反对投降，坚持抗战到底。

中华人民共和国成立后，陈嘉庚积极响应国家的号召，回国定居，继续投身于教育事业和社会公益事业，践行着为国家兴学育才的毕生之志。当时，比他富有的华人企业家并不少，但为国为民始终如一地慷慨输捐、自己却过着俭朴生活的，唯有陈嘉庚。对此，黄炎培曾说："发了财的人，而肯全拿出来的，只有陈先生。"

思考：陈嘉庚先生已经在海外取得了巨大的成功和财富，为什么还要回到中国？教育事业对当时的中国有着怎样的意义？

陈嘉庚不仅是一位成功的企业家，更是一位伟大的教育家和爱国者。习近平总书记高度评价道："他艰苦创业、自强不息的精神，以国家为重、以民族为重的品格，关心祖国建设、倾心教育事业的诚心，永远值得学习。"这也使我们深刻认识到，爱国的表现是不拘一格的，只要能为国家富强、民族振兴、人民幸福作出实际贡献，都值得讴歌。

第 2 节
爱国是世界人民的普遍情感

中国春秋时期的《左传》里有一句话：“临患不忘国，忠也。”苏格兰诗人托马斯·坎贝尔也说过：“爱国者的血液是自由之树的种子。”在群星璀璨的人类文明史诗中，上演过许许多多眷恋祖国、保卫国家的传奇故事。虽然不同国家的人，肤色各异，语言多样，习俗也千差万别，但人们对于幸福、公平、正义的向往却是一样的，对国家和民族的深厚情感也是相通的。可以说，爱国是世界人民普遍拥有的思想情感，也是公认的高尚美德。

一、保卫国家安全

我们将在海滩作战，我们将在登陆地带作战，我们将在田野和街巷作战；我们决不投降。

——温斯顿·丘吉尔

对一个国家来说，保卫国家安全、争取国家独立，保护民众免受战火侵扰、奴役压迫，既是一个主权国家的基本职责，也是每一个公民的神圣义务。

2 500 多年前，古代波斯帝国入侵希腊，希腊各城邦的公民奋勇迎敌，成功保卫了爱琴海畔的家园。18 世纪末，在西蒙·玻利瓦尔的领导下，委内瑞拉、秘鲁、哥伦比亚等 6 个拉丁美洲国家，从西班牙殖民统治中解放出来，获得独立。19 世纪中叶，印度爆发了反抗英国殖民统治的大起义，章西女王率领士兵英勇抗敌，不幸战死，年仅

23 岁。

进入近现代，这种反抗外敌、捍卫国家主权的精神依然熠熠生辉。20 世纪 30 年代，第二次世界大战爆发，德国、日本等轴心国侵略扩张。苏联、中国、英国、波兰等许多国家及其人民进行了顽强抵抗，谱写了爱国主义的壮丽史诗。在和平年代，这种精神并未消逝，而是以新的形式展现在世人面前。

案例分析

我为祖国守边疆
——新疆塔县谱写卫国戍边新篇章

新疆喀什地区的塔什库尔干塔吉克自治县，位于帕米尔高原，平均海拔超 4 000 米，与 3 个国家接壤。塔什库尔干在维吾尔语中意为“石头城”，这里最多的就是石头，其中有一块格外令人心生敬仰。

这块三人合抱的石头坐落于瓦罕走廊尽头，不远处，这头是阿富汗，那边是塔吉克斯坦。石头上刻着一颗五角星和几段话，其中有这样几句——“为我中华之繁荣昌盛，四十余载我卫国戍边。一辈子爱祖国跟党走，一代代子孙定来接班”。

这是龙吉克·卡德尔一家四代护边的家训。从他爷爷开始，龙吉克一家已经走出 53 名党员、22 名军人及警察和 84 名护边员……他们日复一日、年复一年地奔波在边境一线，代代相传。刻下家训的人，是龙吉克的父亲卡德尔·阿布都克力木，他曾是边防军人，也是电影《冰山上的来客》中主人公阿米尔的原型。

“过去要骑马或骑牦牛，走一整天才能到这里。”60 多岁的龙吉克·卡德尔退休后，继承了父亲义务护边的遗志。“接力棒现在传到年轻一代手里，要继续履行世代守边卫国的使命。”在家训石旁，龙吉克向家族年轻一代叮嘱道。

如果没有地形熟、人头熟、语言通的护边员，祖国西陲的安宁便难以得到有效保障。在这里，一座毡房就是一个哨所，一个牧民就是一个哨兵。塔吉克族祖祖辈辈都居住在帕米尔高原，一出生就和牦牛、羊群为伴，常年奔波在崇山峻岭间，是这里的“活地图”。“没有祖国的界碑，哪有我们的牛羊”是他们最朴素的告白。

边境兴则边疆稳，边民富则边防固。在塔什库尔干，国门卫士是一道独特的风景线。边防战士、海关关员、边境警察、援疆干部、驻村工作队、支教老师……各族同胞在这里扑下身、沉下心、扎下根，书写大风吹不动、高寒打不动、强敌撼不动的卫国戍边新篇章。

思考：同样是塔什库尔干塔吉克自治县的塔吉克牧民，拉齐尼·巴依卡说：“这辈子要一直做一名不穿军装的边防战士，永远守好祖国的边境线……”结合材料思考，你认为“边境线”的重要性体现在哪里？

我们的岁月静好，是有人在负重前行。戍守边疆是保障国家安全的重要一环。在西藏的高山、云南的森林、东北的雪原、南海的岛礁……中国长达 2 万多千米的陆地边界线上，像塔什库尔干塔吉克自治县这样的故事每天都在上演。国家安全作为中国式现代化行稳致远的重要基础，不仅关乎中国的未来，也影响着全球格局。各个国家的安全得到基本保障，世界才能得到长足的和平与发展。

二、促进国家发展

科学没有国界，但科学家是有祖国的。

——路易斯·巴斯德

以实际行动促进国家发展进步，也是爱国的重要表现。纵观人类历史，科学技术尤其重要。它可以推动生产力的提升，促进新兴产业的发展，进而引起一系列持久而深远的社会变革。科学技术的进步是国家得到发展的关键因素之一。

科学技术不是凭空出现的。每一项新技术的发明、发展和应用，都离不开科学家的努力探索。他们追求的是普遍真理，其研究成果可以跨越国界，造福全人类。但他们的情感归属和国家责任首先属于自己的祖国。许多爱国科学家不仅在专业领域取得了卓著的成就，更在国家危难之际，以自己的智慧和勇气，为国家的独立、安全和发展作出了巨大贡献。

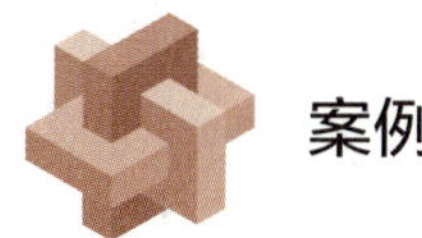

案例分析

玛丽·居里：以祖国波兰为科学新发现命名

玛丽·居里，原名玛丽亚·斯可罗多夫斯卡，是一位出生于波兰的物理学家和化学家。由于当时的波兰缺乏高等教育机会，玛丽在 24 岁时决定移居法国继续深造。在法国，她与物理学教授皮埃尔·居里结为夫妇，因而更名为玛丽·居里，也常被称为“居里夫人”。

1897 年 9 月，玛丽以铀盐的放射性作为自己的研究方向。经过漫长枯燥的实验，次年 7 月，她和丈夫从沥青铀矿石中分离出来具有强放射性的新物质。玛丽把它命名为钋（Po），以此纪念她内心深处的祖国波兰（Poland）。经过持续的研究，她在 1898 年 12 月发现了另一种放射性更强的新元素镭（Ra）。因发现了放射性，居里夫妇于 1903 年获得诺贝尔物理学奖。又因钋和镭的发现、镭的性质及其化合物的研究，她于 1911 年获得诺贝尔化学奖，成为世界上首位两次获得诺贝尔奖的人。

1918 年，第一次世界大战结束后，波兰重获独立。玛丽·居里积极参与波兰的重建工作，她利用自己的国际声誉和资源，为波兰的科学研究和教育事业筹集资金。她在华沙推动创立了放射学研究所，该研究所不仅成为波兰科学教育和研究的中心，还为波兰的医疗体系提供了重要的技术支持。那时，提纯出来的镭是一种极其贵重的金属，玛丽·居里没有将它用于个人财富的积累，而是捐赠给了华沙放射学研究所，并公开了提纯镭的方法。

由于长期接触放射性物质，玛丽因恶性贫血于 1934 年逝世。玛丽·居里在科学上所创造的杰出成就，使她誉满全球，成为现代科学史上一颗璀璨明星。她的故事是个人才华与国家命运紧密相连的典范，展现了一位伟大科学家对祖国怀有的深厚情感。

思考：玛丽在青年时期离开她的祖国波兰前往法国深造，是不是不爱国的表现？衡量是否爱国的真正依据是什么？

除玛丽·居里外，世界上还有很多科学家，他们既有智慧的头脑，又满怀爱国情怀。例如，英国物理学家约瑟夫·约翰·汤姆孙，他是电子的发现者，在第一次世界大战期间，他利用自己在气体放电管方面的研究，开发了用于探测潜艇的声呐技术，对保护英国的海上航线和赢得战争胜利起到了关键作用。美国物理学家罗伯特·奥本海默，被称为“原子弹之父”，在第二次世界大战期间，他领导了曼哈顿计划，成功研制出世界上第一颗原子弹，为反法西斯战争的胜利作出了重要贡献。

三、守护民族文化

国家的安全和发展与我们现实的利益密切相关，本国和本民族的精神文化同样也是不可或缺的。我们的语言，我们的文化，我们的传统，是我们民族身份的基石。语言、文学、艺术等文化成果，是一个国家和民族精神记忆的载体，是国民身份的象征，也是爱国情怀的重要来源。共同的文化，让国民对国家、民族有更深刻的认同感，这样，当面对外部挑战时，大家就能团结一致，共同维护国家的尊严和利益。

例如，19 世纪著名的作曲家弗雷德里克·肖邦，他虽然在法国度过了大部分职业生涯，但他始终铭记着他的祖国波兰。他运用波兰民间音乐元素，创作了《波兰舞曲》和《马祖卡舞曲》等作品，以表达对祖国的思念和热爱。在肖邦的遗嘱中，他请求将自己的心脏带回波兰，落叶归根。朝鲜诗人金素月，在日本侵略者侵占自己的祖国时，用朝鲜语写下了大量的爱国诗篇。他在诗中呐喊：“我失去了家园，盼望着我们能有耕耘的土地。”

案例分析

都德：《最后一课》的故事

1870 年至 1871 年，法国与普鲁士（后成为德意志帝国）爆发了战争，法国战败，被迫割让阿尔萨斯和洛林两地。针对这一国土沦丧的屈辱事件，法国作家都德怀着悲愤的心情写下了短篇小说《最后一课》。故事就发生在阿尔萨斯地区，它描绘了在德意志帝国占领下，法语教育被禁止，学校被迫向学生教授德语的辛酸情景。

小说主人公是一位名叫弗朗茨的法国小学生和他的法语教师哈墨尔先生。在这一天，哈墨尔先生宣布这将是他们最后一次用法语上课，因为从明天起，学校将只教授德语。以下是《最后一课》中的一个经典片段。

忽然，教室的钟打了十二点，紧接着响起了午祷的钟声。这时，普鲁士军队操练回来的军号声在我们窗前响了起来……哈墨尔先生面色惨白，在讲台上站了起来。他在我眼里，从来没有显得这样高大。“我的朋友们，”他说，“我的朋友们，我，我……”他的嗓子被什么东西堵住了，无法说完他那句话。于是，他转身对着黑板，拿起一支粉笔，使出全身的力气按着它，用最大的字母写出：法兰西万岁！写完，他仍然站在那里，不说话，用手向我们表示：“课上完了……去吧。”

思考：对于小说中阿尔萨斯的学生来说，被迫放弃法语，只能学德语意味着什么？哈墨尔先生为什么如此痛苦？

《最后一课》不仅是阿尔萨斯人失去学习母语自由的哀歌，也是对主人公热爱法国文化、语言和教育的颂歌。这种真挚的情怀可以跨越国界，令世界上热爱自己文化的人都为之触动。在当今全球化的背景下，保护和传承我们的民族文化，不仅是对过去历史的尊重，也是对现在和未来的守护，是每个公民义不容辞的责任。通过文化的传承，我们可以更好地理解自己，也能更好地理解他人，推动世界的和平与发展。让我们的爱国情怀在文化的滋养下更加深沉，更加持久。

第 3 节
爱国是永不磨灭的信念

在纪念中国人民抗日战争暨世界反法西斯战争胜利 75 周年座谈会上，习近平总书记强调，爱国主义“是引领中国人民和中华民族迸发排山倒海的历史伟力、战胜前进道路上一切艰难险阻的壮丽旗帜”。

爱国对民族和个人都有着深远的现实意义。它不仅塑造着个人的价值观和行为，为每一个人的成长和发展提供更广阔的空间，还是民族和国家繁荣发展的强劲动力。爱国是我们现在和未来都必须坚守的实践准则。

一、爱国是个人的价值归宿

习近平总书记在北京大学考察时指出：“爱国，是人世间最深层、最持久的情感，是一个人立德之源、立功之本。”爱国不仅是个人生存的基石、精神的归宿，更是个人事业成功的动力。在国家的庇护下，个人才能更好地实现成长与发展；同时，在无数个人的努力贡献下，国家也得以日益繁荣强大。将爱国作为自己的价值归宿时，个人利益与国家利益就能实现高度统一。

1. 安身之基

每个人应该遵守生之法则，把个人的命运联系在民族的命运上，将个人的生存放在群体的生存里。

——巴金

国家作为社会的基本组织形式，为个人提供了生存和发展的基础。国家构建了法律体系，保障公民的合法权益；还提供教育、医疗、社会保障等公共服务，满足公民的基本需求。同时，国家创造就业机会，支持个人实现自我价值。国家的稳定与繁荣，是我们安全、健康、教育、就业等多方面需求得以满足的前提。我们的“安身”离不开国家的庇护和支持。

国家的兴衰和我们的福祉密切相关。在国家繁荣稳定时，个人能够享受到更好的生活条件和发展机会；而在国家动荡不安时，基本的人身安全和日常生活都可能受到威胁。因此，个人对国家的热爱与奉献，不仅是对国家的忠诚，从长远来看，也是保障自身福祉的重要条件。国家强大了，就能够为我们提供更安全、更稳定、更公平的社会环境，使我们能够更安心地追求理想，实现自我价值。

案例分析

苏丹撤侨
——五星红旗守护回家之路

2023 年 4 月，非洲东北部、红海沿岸的苏丹爆发了大规模武装冲突。炮火连天，硝烟四起，中国在苏丹人员生命财产安全受到威胁，牵动着万里之外祖国人民的心。针对这一紧急情况，中国外交部等有关部门、相关驻外使领馆、中国海军、中资企业迅速动员，周密组织了撤离行动，先后成功安全撤出千余名中国公民。

当地时间 27 日上午，在多方合作部署下，中国海军军舰载着从苏丹撤离的人员穿越红海抵达沙特阿拉伯西部吉达港，桅杆上的五星红旗迎风招展。码头上，欢迎人群打出一面巨大的五星红旗，并展开写有“欢迎祖国同胞回到温暖港湾”的红色横幅。

舷梯放下，舰上男女老幼提着行李，挥舞着国旗鱼贯而下，海军战士们帮大家提着行李，抱着孩子。尽管刚离开战乱地区，但大家此刻面容轻松。陈立会是苏丹蓝天宾馆的员工，她在接受新华社记者采访时不断重复着一句话：“强大的祖国是我们坚强的后盾！”在苏丹做生意、来自湖北的肖永健说：“感谢国家！看到我们的军舰，我感到祖国的强大，我非常自豪！”

2015年也门撤侨、2022年乌克兰撤侨、2024年黎巴嫩撤侨……10年来，外交部组织实施了近20次海外中国公民紧急撤离行动，处理各类领事保护案件50多万起，涉及数百万中国公民。

思考：许多在海外的华侨、留学生说，“出国之后才更懂得祖国的好”“人在国外更爱国”。结合苏丹撤侨的真实案例，怎样理解这种说法？

一滴水，只有融入大海，才能永不干涸。同样，一个人要想“安身”，不仅要靠自己的努力和奋斗，更离不开国家的保护和帮助。真挚的爱国情感让我们在国家的保护下，享受到安全、自由这些基本的生活要素，同时也激励我们为国家的繁荣、稳定和独立贡献力量。在国家和个人之间，存在着一种相互依存、相互促进的关系，爱国，正是这种关系的重要精神纽带。

2. 立德之源

> 爱国是文明人的首要美德。
>
> ——拿破仑

一方面，爱国本身就是人的一种重要品德。革命先驱孙中山曾说：“做人最大的事情是什么呢？就是要知道怎样爱国。”作为一种精神，爱国不仅要求个人对国家有忠诚和热爱的情感，还进一步体现在对社会作出贡献和对人民深切关怀上。因此，爱国涵盖着无私、奉献、勇敢、智慧等优秀品格，是社会普遍认可的大德、公德。

另一方面，爱国能进一步促进高尚品德的养成。在实践中，爱国能激发我们产生强烈的责任感、正义感、使命感和奉献精神。面对困难和挑战时，它会让我们坚定信念、勇往直前，抛弃个人的眼前利益，追求国家和人民的长远利益。一个真正爱国的人，在爱国的具体行动中，会不断提升自己的精神境界，成为一个具备高尚品德的人。

案例分析

龚全珍：终生报国、永葆本色的“老阿姨”

龚全珍，1923 年出生于山东烟台。1945 年，被西北大学教育系录取。后与开国将军、原新疆军区后勤部部长甘祖昌结为夫妻。1957 年，甘祖昌主动辞去职务，返回家乡江西萍乡莲花县沿背村做起了农民，34 岁的龚全珍相随而归，成为一名乡村教师，孜孜不倦、教书育人。

甘祖昌一生艰苦朴素，但对人民群众却非常慷慨。甘祖昌将每月工资几乎全部捐献出来，用于为家乡修水利、建电站、建学校等。将军当农民，甘祖昌把自己的一切奉献给了家乡人民。龚全珍完全理解和支持他的决定，她说要像老甘说的那样，活着就要为国家做事情，做不了大事就做小事，干不了复杂的工作就做简单的工作，决不能无功受禄，决不能不劳而获。

甘祖昌逝世后，龚全珍用实际行动延续两人的理想。生活并不富裕的她，经常捐款捐物帮助贫困学生。2003 年，她应邀到一所中学作爱国主义传统教育讲座，发现学校图书室书籍匮乏，立即购买了 1 000 多册书籍送到学校。几十年来，龚全珍与许多贫困学生结成帮扶对子，她资助的学生上百人，捐款金额 10 余万元。

离休后，龚全珍仍然关心着下一代的成长，她走进学校、机关、部队、工厂，义务对青少年开展爱国主义和革命传统教育。没有人记得老人家去了多少地方、作了多少报告，但大家都记得，她从不要一分钱报酬，经常自带馒头就着白开水当午饭。2013 年，在她的倡议下成立了龚全珍爱心救助基金会。基金会建立以来，募集资金 90 多万元，帮助贫困群众上千名。

几十年如一日，龚全珍用实际行动把对祖国和人民的爱写在青山绿水间，刻在老百姓的心上。她的事迹感动了无数国人，她先后获得全国道德模范、“感动中国”2013 年度十大人物、全国优秀共产党员等荣誉称号。

思考：没有惊天动地的壮举，没有气势磅礴的豪言，龚全珍这位“老阿姨”本着为国家和人民服务的初心，倾其所有扶危济困，体现了怎样的道德境界？

在龚全珍身上，我们看到了品德的力量，也感受到了爱国的力量。祖国不仅是我们身体血肉成长的地方，也是我们精神心灵的栖息地，给了我们奋斗路上最大的动力。爱国是我们重要的精神归宿，为个人“立心”提供强有力的支撑。

正如作家冰心所说：“一个人只要热爱自己的祖国，有一颗爱国之心，就什么事情都能解决。什么苦楚，什么冤屈都受得了。”当我们把小我融入祖国这个大我之中，认识到自己所献身的事业是如此宏大崇高，那么所经历的困苦也将变得微不足道。

3. 建功之本

没有祖国，就没有幸福。每个人必须植根于祖国的土壤里。

——屠格涅夫

国家不仅是一个地理概念，更是一个让我们实现梦想和抱负的舞台，为我们提供了广阔的发展空间。个人可以在国家的大舞台上，追求自己的兴趣，充分发挥自己的才能，实现价值。无论是科学家在实验室中探索未知，还是艺术家在银幕前展现才华，抑或是企业家在市场中创新经营，国家都能够成为个人实现梦想与抱负的坚实平台。

因此，爱国也可以成为个人事业成功的强大引擎，激发个体的创新精神、奋斗精神，促使每个人在各自的岗位上施展抱负，建功立业，实现个人价值和国家利益的统一。

案例分析

王振义：为国从医的“人间药神”

有这样一位医者，他不仅历经艰辛找到攻克急性早幼粒细胞白血病的治疗方法，为了让患者都吃得起这种药，他还放弃了专利申请。如今，这盒药只要300元，在中国还纳入医保。他被患者誉为“药神”。

这位人间“药神”就是中国工程院院士、被称为全球“癌症诱导分化第一人”的上海交通大学医学院附属瑞金医院王振义教授。王振义生于 1924 年，青年时期，他目睹了旧中国疾病肆虐、百姓饱受病痛折磨的种种惨痛状况，立志投身于医学研究，为救国济民而奋斗终生。

20 世纪 80 年代，王振义带领团队致力于急性早幼粒细胞白血病的研究。当时，该病被视为“不治之症”。王振义开创了肿瘤的诱导分化疗法，首创用国产的全反式维甲酸治疗急性早幼粒细胞白血病，使这种高死亡率的疾病缓解率达到 95%，5 年以上生存率上升至 92%。然而，对于这样一项伟大的医学贡献，王振义却公开了研究成果，放弃专利收费，坚持一定要让老百姓吃得起“救命药”。

由于在医学领域的突出贡献，王振义荣获“共和国勋章”等多项国家级荣誉，但他始终认为他的工作动力来源于国家现实的需要。他说：“我这一辈子看好了一种病，而我最遗憾的是只看了这一种病，还有很多病没有攻克，病人需要我们，祖国需要我们，我们每个人都要不断学习和创新，更好地为病人服务，为祖国奋斗。”这就是王振义院士一生不懈探索医学创新的动力来源，也是他始终“停不下脚步”的原因。

思考：如果王振义只是为了自己个人的利益而努力，能在医学事业上取得这样高的成就吗？是什么让他拥有如此强大的意志力去攻克疾病难题？

王振义的故事展现了一位中国医学工作者的使命和担当，也强有力地证明了个人事业与国家命运之间的密切联系。王振义所攻克的难题，不仅是他个人的工作成果，更代表着中国医疗事业的辉煌成就。无论我们身处哪个领域，只要把自己的奋斗置身于整个国家、民族的发展中去，施展才干的舞台就会更加广阔，实现梦想的前景就会无比光明。

二、爱国是民族复兴的动力

在新时代背景下，爱国不仅体现了对国家的深厚情感和对民族复兴的坚定信念，更是推动国家发展、促进社会进步，进而实现人民幸福的重要力量。在实现中华民族伟大复兴的征程中，爱国主义将继续发挥其独特而重要的作用，引领中国人民团结一致、万众一心，共同开创民族复兴的美好未来。

1. 坚持中国道路

面向未来，我们必须坚持走自己的路。方向决定道路，道路决定命运。我们自己的路，就是中国特色社会主义道路。

——习近平

旗帜决定方向，道路决定命运。什么是中国道路？近代以来，无数仁人志士前赴后继、奔走呐喊，争相探索救亡图存的道路，却“山穷水尽诸路皆走不通了”……历史已经无数次证明，在中国，一味地模仿和照搬他国的道路是行不通的。要实现中华民族伟大复兴，必须坚持中国道路。

中国发展道路，就是中国特色社会主义道路。这是在中国共产党领导下，根据中国国情、历史文化和时代特征，探索出的一条符合中国实际的发展路径。这一道路的探索与实践，体现了中国共产党对国家前途命运的深刻思考和对民族复兴的坚定追求。在国家发展的历史进程中，人民群众深刻认识到只有中国特色社会主义道路才能引领中国走向繁荣富强，实现中华民族伟大复兴。

拓展阅读

党的二十大报告中关于“中国道路”的阐述

坚持中国特色社会主义道路。坚持以经济建设为中心，坚持四项基本原则，坚持改革开放，坚持独立自主、自力更生，坚持道不变、志不改，既不走封闭僵化的老路，也不走改旗易帜的邪路，坚持把国家和民族发展放在自己力量的基点上，坚持把中国发展进步的命运牢牢掌握在自己手中。

中国人民和中华民族从近代以后的深重苦难走向伟大复兴的光明前景，从来就没有教科书，更没有现成答案。党的百年奋斗成功道路是党领导人民独立自主探索开辟出来的，马克思主义的中国篇章是中国共产党人依靠自身力量实践出来的，贯穿其中的一个基本点就是中国的问题必须从中国基本国情出发，由中国人自己来解答。我们要坚持对马克思主义的坚定信仰、对中国特色社会主义的坚定信念，坚定道路自信、理论自信、制度自信、文化自信，以更加积极的历史担当和创造精神为发展马克思主义作出新的贡献，既不能刻舟求剑、封闭僵化，也不能照抄照搬、食洋不化。

改革开放特别是新时代以来，“神舟”飞天、“北斗”组网、“嫦娥”探月、“蛟龙”入海、“天眼”巡空，决胜全面建成小康社会，打赢了脱贫攻坚战，中国人民生活品质显著提高，幸福指数节节攀升……中国特色社会主义道路的巨大成功，坚定了全国各族人民的信心，也激发了大家的历史使命感。它使我们在面对国际环境的复杂多变和国内发展的不平衡不充分等问题时，能够坚定不移地沿着中国特色社会主义道路前进，不为任何风险所惧，不为任何干扰所惑。

贵州平塘县“中国天眼”

2. 弘扬中国精神

惟有民魂是值得宝贵的，惟有他发扬起来，中国才有真进步。

——鲁迅

2013 年 3 月，习近平总书记在第十二届全国人民代表大会第一次会议上指出：“实现中国梦必须弘扬中国精神。这就是以爱国主义为核心的民族精神，以改革创新为核心的时代精神。这种精神是凝心聚力的兴国之魂、强国之魂。”中国精神，就是中华民族在长期历史发展过程中形成的，以爱国主义为核心，团结统一、爱好和平、勤劳勇敢、自强不息的伟大民族精神。

在民族精神中，中国共产党人的精神谱系是其中最具有代表性的组成部分，它是自中国共产党成立以来，在长期的革命、建设、改革实践中形成的系列精神财富的总称。2021 年中国共产党成立 100 周年时，党中央批准了中央宣传部梳理的第一批纳入中国共产党人精神谱系的伟大精神，在中华人民共和国成立 72 周年之际予以发布。我们党之所以历经百年而风华正茂、饱经磨难而生生不息，就是凭借这么一股革命加拼命的强大精神。

拓展阅读

中国共产党人精神谱系中的第一批伟大精神

时期	代表精神
精神之源	伟大建党精神
新民主主义革命时期	井冈山精神、苏区精神、长征精神、遵义会议精神、延安精神、抗战精神、红岩精神、西柏坡精神、照金精神、东北抗联精神、南泥湾精神、太行精神（吕梁精神）、大别山精神、沂蒙精神、老区精神、张思德精神
社会主义革命和建设时期	抗美援朝精神、“两弹一星”精神、雷锋精神、焦裕禄精神、大庆精神（铁人精神）、红旗渠精神、北大荒精神、塞罕坝精神、“两路”精神、老西藏精神（孔繁森精神）、西迁精神、王杰精神
改革开放和社会主义现代化建设新时期	改革开放精神、特区精神、抗洪精神、抗击“非典”精神、抗震救灾精神、载人航天精神、劳模精神（劳动精神、工匠精神）、青藏铁路精神、女排精神
中国特色社会主义新时代	脱贫攻坚精神、抗疫精神、“三牛”精神、科学家精神、企业家精神、探月精神、新时代北斗精神、丝路精神

解放战争时期，众多被关押在渣滓洞、白公馆的中国共产党人，经受住种种酷刑

折磨，不折不挠、宁死不屈，为中国人民解放事业献出了宝贵生命，凝结成“红岩精神”；社会主义革命和建设时期，包括“铁人”王进喜在内的几代大庆人艰苦创业、接力奋斗，在亘古荒原上建成我国最大的石油生产基地，形成了“爱国、创业、求实、奉献”的大庆精神（铁人精神）；在中国特色社会主义新时代，习近平总书记提出了“把为民服务、无私奉献比喻为孺子牛，把创新发展、攻坚克难比喻为拓荒牛，把艰苦奋斗、吃苦耐劳比喻为老黄牛”的“三牛”精神，激励人们不用扬鞭自奋蹄、辛勤耕耘。

这些精神是中国共产党人理想信念、价值追求、政治品格和道德风尚的集中体现，对传承和弘扬中国精神、激发中国人民的民族自豪感和自信心、增强民族凝聚力和向心力、实现中华民族伟大复兴具有重要意义。

3. 凝聚中国力量

> 实现中国梦必须凝聚中国力量，这就是中国各族人民大团结的力量。
>
> ——习近平

古往今来，有一种情感和信念始终能将全体中华儿女团结起来，那就是爱国主义。爱国主义能够跨越地域、民族、文化的界限，将中国人民紧密地团结在一起。1976 年唐山大地震、1998 年长江特大洪水、2003 年“非典”疫情、2008 年汶川大地震……在一次次挑战面前，中国人民万众一心、众志成城，渡过了无数难关。历史证明，爱国主义总能激发起中国人民的团结精神，促使社会各界汇聚起磅礴的力量，增强战胜一切困难的强大信心。

拓展阅读

长歌奋进

——数据见证新中国 75 年伟大成就

2024 年 10 月，中华人民共和国迎来 75 周年华诞。75 年在人类历史长河中只是弹指一挥间，但对中国人民和中华民族来讲，却是沧桑巨变、换了人间的75年。中国共产党领导全国各族人民创造了一系列伟大成就，各行各业的蓬勃发展、人民生活的蒸蒸日上，浓缩在一组组数据中。

数据项目	中华人民共和国成立初期	2023年年底
国内生产总值	679亿元	超过126万亿元
人均GDP	119元	89 358元
铁路/公路里程	2.2万千米/8.1万千米	15.9万千米/544万千米
城镇化率	10.64%	66.16%
人均可支配收入	49.7元	39 218元
人均预期寿命	35岁	78.6岁
义务教育阶段/高中阶段在校生	0.25亿/44万人	1.6亿/4 542万人
公共图书馆/博物馆	55/21个	3 246/6 833个

中华人民共和国之所以能在75年的时间里，实现从一穷二白到世界第二大经济体的发展奇迹，离不开爱国主义所凝结的同心同德、艰苦奋斗、开拓进取的强大力量。在爱国这一共同的价值观和目标下，全国各民族人民、港澳台同胞及海外侨胞，社会各界、各群体得以团结在一起，彼此理解、相互支持，使民族利益超越个人利益，为国家的繁荣富强贡献力量。

在新时代，爱国主义将继续作为凝聚中国力量的重要旗帜，引领中国人民找到最大"公约数"、画出最大"同心圆"，在实现中华民族伟大复兴的征程中不断前进，共同书写国家和民族的辉煌篇章！

知识巩固

通过本章的学习，请结合自己的思考回答下列问题。

1. 结合你个人的经历，谈一谈你爱国的具体理由是什么。

2. 在中华民族的爱国传统中，哪一个主题令你印象最为深刻？为什么？

3. 除了书中讲到的，你还知道哪些历史上的爱国人物和故事?
4. 在你遇到困难的时候，爱国情怀是否给你带来过积极的精神力量?
5. 为什么爱国主义是民族精神的核心? 谈谈你的理解。

第3章
爱国的时代要求

章首语

中华人民共和国成立以来，实现中华民族伟大复兴的中国梦，就成了爱国主义的鲜明主题。所有中华儿女对祖国的热爱之情，为祖国所作出的努力奋斗，归根结底是为了实现民族复兴、人民幸福。

进入中国特色社会主义新时代，我们不仅要继承中华民族自古以来的优秀爱国传统，也要深刻理解时代提出的新要求。祖国、国家不是独立存在的，在爱国的同时，也要爱党、爱社会主义，这三者是相统一的。我们要自觉维护国家统一和民族团结，坚持既立足中国又面向世界。

学习目标

1. 了解中国共产党史、新中国史、中华民族发展史的基本脉络。
2. 掌握爱国与爱党、爱社会主义相统一的内涵。
3. 熟悉与国家统一、民族团结相关的重大原则。
4. 掌握既立足中国又面向世界的辩证关系。

第 1 节 爱国就要爱党、爱社会主义

在新时代，爱中国共产党、爱社会主义是爱国的应有之义，也是实现中华民族伟大复兴的必然选择。这就要求我们，在爱国的同时，要坚定不移地拥护中国共产党的领导，坚定中国特色社会主义道路自信，理解“爱国与爱党、爱社会主义相统一”的深刻内涵。

一、热爱中国共产党

《中国共产党章程》开篇即指出，中国共产党是中国工人阶级的先锋队，同时是中国人民和中华民族的先锋队。一百多年前，中国共产党在成立时只有 50 多名党员，截至 2023 年年底已经成为拥有 9 900 多万名党员、领导着 14 亿多人口的大国、具有重大全球影响力的世界第一大执政党。我们爱中国，也就必然要爱带领人民建立了中华人民共和国的中国共产党。

1. 中国共产党是最坚定的爱国者

> 共产党是为民族、为人民谋利益的政党，它本身决无私利可图。
>
> ——毛泽东

1921 年，在浙江嘉兴的一艘游船上，一个把为中国人民谋幸福、为中华民族谋复兴作为自己初心和使命的政党悄然诞生。当时，很少有人能想到，这样一个年轻的组织，竟然能经历风雨，不断壮大自己的队伍，从而彻底改变了一个古老大国的命运。

这个带领中国人民站起来、富起来、强起来的政党，有一个光荣的名字，叫中国共产党。

在中国共产党成立后的一百多年中，无数党员为了中华人民共和国的建立和国家的建设前赴后继。党的创始人之一李大钊，在敌人的绞刑架前发表了最后的演讲："不会因为你们今天绞死了我，就绞死了伟大的共产主义，我们深信，共产主义在世界、在中国必然要得到光辉的胜利。"烈士陈觉，在就义前给妻子的遗书中说："谁无父母，谁无儿女，我们正是为了救助全中国人民的父母和妻儿，所以牺牲了自己的一切。"

他们的生命在战火中逝去，他们的理想在人世间永存。他们用青春和热血谱写了最辉煌的爱国主义赞歌。正如习近平总书记说的那样："中国共产党是爱国主义精神最坚定的弘扬者和实践者，始终把实现中华民族伟大复兴作为自己的历史使命。"

拓展阅读

"双百"人物中的共产党员

2009 年，为迎接新中国成立 60 周年，经过群众评选和专家评定，评选出了 100 位为新中国成立作出突出贡献的英雄模范人物和 100 位新中国成立以来感动中国人物，即"双百"人物。

在“100 位为新中国成立作出突出贡献的英雄模范人物”中，有中国妇女运动先驱向警予，中国工人运动杰出领袖邓中夏，留下《可爱的中国》的方志敏，血染湘江的红军将领陈树湘，“丹心碧血沃中华”的吉鸿昌，浩气长存的“狼牙山五壮士”，“人民的音乐家”冼星海，“生的伟大，死的光荣”的刘胡兰，舍身炸碉堡的董存瑞……在这 100 位人物中，中国共产党党员人数多达 85 位。

在“100 位新中国成立以来感动中国人物”中，有志愿军“特级英雄”杨根思，“为人民服务”的雷锋，“县委书记的榜样”焦裕禄，中国石油战线的“铁人”王进喜，“两弹元勋”邓稼先，“为国争光”的中国女排五连冠群体，“警界女神警”任长霞，神舟五号航天员杨利伟，“人民工匠”许振超，“敦煌的女儿”樊锦诗……在这 100 位人物中，中国共产党党员人数多达 90 位。

这一串串闪光的名字，年代不同，事迹各异，但他们的精神内涵却是一样的。他们是民族的脊梁，是祖国的骄傲。这些共产党人用实际行动，诠释了中国共产党的初心和使命，展示了中国共产党的信仰，体现了中国共产党的宗旨。对于这样一个为中国人民谋幸福、为中华民族谋复兴、把人民利益放在首位的政党，我们衷心热爱。

2．党是中国人民最可靠的主心骨

办好中国的事情，关键在党。

——习近平

著名艺术家阎肃在其创作的歌剧《党的女儿》中写道：“你看那天边有颗闪亮的星星，关山飞跃一路撒下光明。咱们就跟着她的脚步走啊，哪管它道路平不平。”在这首歌里，那颗闪耀的星星，就是中国共产党。在历史长河中，党始终是中国人民坚强的领导核心，是最可靠的主心骨，坚定地领导人民战胜一切艰难险阻。事实充分证明，形势越复杂、挑战越严峻，我们越要坚持党的领导。

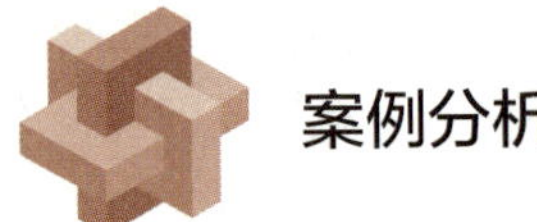

案例分析

风雨来袭时的主心骨
——北京洪灾中的党员力量

2023 年 7 月 29 日至 8 月 2 日，北京出现极端强降雨天气，降雨量为北京地区有仪器测量记录以来 140 年的最高值。暴雨如注，山洪汹涌。突如其来的强降雨导致丰台至沙城铁路（丰沙线）发生严重水害。

7 月 30 日，在途 K396 次、K1178 次、Z180 次列车被紧急扣停。食品告急、饮用水有限、信号中断、气温降低，加之暴雨断路，外部物资只能通过人力步行一路泥泞艰难送达……三趟列车上的 2 600 多名被困旅客在焦灼中等待。

“我是党员，就应该冲锋在前。”K396 次列车上，乘务员赵阳哽咽安抚乘客的一幕感动了无数网友。“我就是因为穿了这身衣服，我得对得起大家。”很快，临时党支部迅速组建，统筹保障食品供应，解决车厢排污问题。

列车被迫停在门头沟落坡岭火车站，“只要我们有一口吃的，坚决不能让他们饿着”。落坡岭社区党支部书记孟二梅的话掷地有声。在社区安排下，每家每户都住进了滞留的乘客……“我是共产党员，一定要保证所有群众的安全。”孟二梅说。

为了抢险救灾，党员干部身先士卒，有的甚至献出了生命。7 月 31 日，门头沟区王平镇经济发展办公室副主任熊丽，在前往险情地点勘察途中被坍塌墙体掩埋，不幸遇难。同日，北京市海淀区北安河消防救援站特勤一班班长冯振，在营救被困群众时被洪水冲走，不幸壮烈牺牲。

人民至上，生命至上。北京市和各有关部门的党员干部众志成城开展抗洪救灾，他们在洪水中逆行而上、冲锋在前，他们在暴雨中伸出援手、守望相助。越是雨急浪高，越见中流砥柱！

思考：面对灾难，逃生往往是人的本能反应，为什么这些共产党员有“逆流而上”的勇气？

“中国共产党是风雨来袭时中国人民最可靠的主心骨”绝不是一句空话。1998 年夏天，长江流域遭遇了特大洪水，鲜红的党旗在抗洪一线高高飘扬。在武汉龙王庙闸口，16 位共产党员签下“生死牌”，誓与大堤共存亡。2008 年，四川汶川发生特大地震，无数党员干部冲锋在前，在山摇地动的废墟中，奋力抢救被埋的群众。灾后的萝卜寨村头，村中石匠自发立起了一座石碑，上面刻着“共产党万岁”。

回顾过去，不管是面对自然灾害的严峻考验，还是应对国内外复杂的局势，在中国共产党的坚强领导下，亿万人民总能汇聚成磅礴伟力，书写一个又一个人类发展史上的奇迹。我们坚信，在未来的道路上，无论风云如何变幻，只要有党的领导，我们就有信心、有能力应对一切困难和挑战，继续创造更多的辉煌！

二、热爱社会主义

为什么要爱社会主义？因为只有社会主义才能救中国，只有中国特色社会主义才能发展中国，走社会主义道路是中国人民的历史选择。一百多年来，中国共产党坚持以马克思主义为指导，立足中国国情，在实践中开创和发展了中国特色社会主义，取得了举世瞩目的伟大成就。

1. 只有社会主义才能救中国

> 中国将来一定要发展到社会主义去，这样一个定律谁都不能推翻。
>
> ——毛泽东

20 世纪 20 年代前后，近代中国走到了命运的十字路口。封建帝制已被推翻，但旧思想依然根深蒂固。国内有袁世凯等军阀倒行逆施，国外有帝国主义列强虎视眈眈。中国积贫积弱、任人宰割的状况依然没有得到根本改变。那时的知识分子认为，国家落后的原因之一在于国民思想落后，于是新文化运动开始酝酿。

以陈独秀、胡适等人为代表，仁人志士们积极寻找能救国的真理和道路。那个时期，大师学者云集，各种思想流派层出不穷。三民主义、改良主义、自由主义、社会达尔文主义、实用主义等思潮纷纷涌现，但都没能解决中国的发展道路问题。那么，究竟哪条道路能救中国？中国的命运将走向何方？

案例分析

李大钊："试看将来的环球，必是赤旗的世界！"

第一次世界大战中，中国为战争胜利作出了重要贡献，然而作为战胜国的中国，在巴黎和会上却被迫要将德国在山东的特权转让给日本。这让国内的一部分进步人士逐渐意识到列强是不可靠的，中国必须找到适合中国的道路。

在大部分知识分子还在为宪政民主而奔走呼号的时候，李大钊早就将目光从西欧移向了东方。在众人纷纷对俄国十月革命持悲观态度的时候，他却很早就预见了它重大的历史意义，称俄国革命是"和平之曙光"，代表"国外政治之潮流"。在李大钊看来，十月革命对中国的影响将会非常深刻，他说："我们在这黑暗的中国，死寂的北京，也仿佛分得那曙光的一线，好比在沉沉深夜中得一个小小的明星，照见新人生的道路。"

1918 年，李大钊写了《布尔什维克主义的胜利》一文。在文中，他预言："人道的警钟响了！自由的曙光现了！试看将来的环球，必是赤旗的世界！"文章认为，世界的历史进入了社会主义革命的新时代，中国人民应该沿着十月革命的道路前进，只有这样，才能战胜封建军阀和帝国主义列强，使黑暗的中国重见光明。

这条道路后来逐渐明确起来，那就是在马克思主义的指导下，建立中国的无产阶级政党——中国共产党。通过革命，建立工人阶级领导的以工农联盟为基础的人民共和国，走经过新民主主义逐步到达社会主义和共产主义的道路。

思考：结合中国近代史的历史事实，想一想为什么中国走上社会主义道路不是偶然，而是中国人民的必然选择。

大浪淘沙沙去尽，沙尽之时见真金。毛泽东等中国共产党人，坚持马克思主义基本立场，借鉴苏联社会主义革命的成功经验，同时也在实践中不断探索适合中国革命的"法宝"。最终，他们带领中国人民取得了新民主主义革命的胜利。社会主义道路最终赢得了中国最广大人民群众包括民族资产阶级及其政治代表的拥护。由此可见，中国人民选择中国共产党的领导，走上由新民主主义到社会主义的发展道路，这是一个郑重的、具有历史必然性的选择。

2. 只有中国特色社会主义才能发展中国

走自己的道路，建设有中国特色的社会主义。

——邓小平

中华人民共和国成立之初，国家百废待兴，又遭到西方的封锁，处于内外交困的境地。在中国共产党的带领下，全国人民依靠社会主义集中力量办大事的优势，开始了轰轰烈烈的大规模经济建设。第一个五年计划的顺利完成，奠定了工业化的初步基础；大庆油田的发现，打破了“中国贫油论”，实现了石油基本自给；南京长江大桥的建成通车，证明了中国自行设计建造大型桥梁的能力……

20 世纪 70 年代末，改革开放的春风吹遍了神州大地。邓小平同志提出“贫穷不是社会主义”的著名论断，开创了中国特色社会主义事业，开启了中国经济社会发展的新篇章。家庭联产承包责任制激发了农民生产积极性，乡镇企业如雨后春笋般涌现，国有企业改革破冰前行，市场经济体制逐步确立。中国用短短几十年的时间，就走完了发达国家几百年走过的工业化历程，创造了举世瞩目的“中国奇迹”。这一切，都得益于中国特色社会主义制度的优越性。

案例分析

情牵山海
——闽宁镇的巨变

20 世纪 90 年代，在宁夏回族自治区南部的贺兰山东麓，有一片戈壁荒滩，那里自然条件恶劣，生态环境脆弱。

1996 年，中央确定福建对口支援宁夏，时任福建省委副书记的习近平同志担任领导小组组长。习近平同志提议，以银川市永宁县玉泉营开发区黄羊滩吊庄移民点为主体，设立一个以福建、宁夏两省区简称命名的移民开发区——“闽宁村”，将西海固的部分贫困群众搬迁到这里。

起初，闽宁村建设面临重重困难，土地贫瘠、缺水少电、生活设施简陋，但村民们在党和政府的带领下，发扬艰苦奋斗的精神，开始平整土地、植树造林、修建水利设施。福建派来的技术人员传授种植蘑菇、葡萄等高附加值作物的技术，帮助村民开辟增收渠道。2002 年 2 月，以原永宁县闽宁经济开发区为基础设立闽宁镇。2003 年 7 月，玉海经济开发区并入闽宁镇，闽宁镇正式成立。一批批闽商带着技术和资金来到闽宁镇投资兴业，兴建工厂，带动当地产业发展，创造就业机会。

经过十几年的努力，“干沙滩”脱胎换骨成了“金沙滩”，闽宁村升级为闽宁镇，这里发生了翻天覆地的变化。一位从深山中走出的老汉说，原来住在山里，庄稼收成没有保障，吃水要走十几里山路去挑。搬迁到闽宁镇以后，全家人不仅吃水不愁了，脱贫致富也有了心境和门路，一年下来，全家收入有七八万元，不仅盖起了五间新砖房，还买了小轿车。

闽宁镇，20 年时间，从一个“天上无飞鸟，地上不长草；十里无人烟，风吹沙粒跑”的荒芜之地，发展成为有常住居民 6 万余人的新型城镇，老百姓的年平均收入从过去的 500 元到现在的 1 万多元，收入增长了 20 倍。2021 年，电视剧《山海情》热播，艺术再现了闽宁镇从无到有、从小到大、从穷到富的变迁历程，见证了改革开放的巨大成就。

思考：为什么闽宁镇能发生如此巨大的变化？为什么党和政府要坚持把这样一个偏远荒凉的村镇发展建设起来？

闽宁镇的故事，是全国脱贫战线中焕然一新的无数个村庄、社区、乡镇的缩影，它唱响了东西部协作扶贫、共同富裕的时代赞歌。这样的巨变，谁能实现？唯有中国共产党，唯有社会主义制度才能做到。这生动体现了中国共产党全心全意为人民服务的根本宗旨，以及社会主义能够集中力量办大事的制度优势。

中国特色社会主义进入了新时代，全面建设社会主义现代化国家、全面深化改革、全面依法治国、全面从严治党的战略布局，正引领中国迈向现代化强国。2020年，现行标准下近1亿农村贫困人口全部实现脱贫，832个贫困县全部脱贫摘帽。区域性整体贫困得到根本解决，中国完成了消除绝对贫困的艰巨使命，实现了全面建成小康社会的战略目标，现在正朝着全面建设社会主义现代化国家的第二个百年奋斗目标前进。这是中国共产党向人民作出的庄严承诺，也是社会主义制度优越性的鲜活证明。

回顾往昔，展望未来，我们更加坚信：只有社会主义才能救中国，只有中国特色社会主义才能发展中国。中国特色社会主义道路，是历史与人民共同的选择。站在“两个一百年”奋斗目标的历史交汇点上，我们比任何时候都更加接近实现中华民族伟大复兴的目标。

三、爱国与爱党、爱社会主义相统一

只有坚持爱国和爱党、爱社会主义相统一，爱国主义才是鲜活的、真实的。坚持爱国与爱党、爱社会主义相统一不仅是当代爱国主义的本质特征，也是实现民族复兴的重要保证。

1. 当代中国爱国主义的本质特征

当代中国，爱国主义的本质就是坚持爱国和爱党、爱社会主义高度统一。

——习近平

中华人民共和国成立后，中国的历史翻开了新篇章，爱国主义也迎来了新的发展阶段。这是因为，我国的国体是人民民主专政的社会主义国家，政体采用人民代表大会制度。中国共产党作为执政党，代表最广大人民的利益；社会主义制度，代表先进生产力的发展方向。

在这样的背景下，祖国、国家、政府、民族、人民以及个人的前途命运紧紧相连，爱国的目标也前所未有地统一起来。中华人民共和国、中国共产党、中国特色社会主义，这三者紧密相连，不可分割。任何试图歪曲新中国、中国共产党、社会主义之间关系的观点，都是站不住脚的。

邓小平曾指出："有人说不爱社会主义不等于不爱国。难道祖国是抽象的吗？不爱共产党领导的社会主义的新中国，爱什么呢？"如果一个人是真正的爱国者，面对中国的伟大历史巨变，他一定会认可中国共产党的伟大使命，一定会肯定中国特色社会主义的伟大成就。

案例分析

爱国的钱学森，选择了社会主义、选择了党

1935 年，钱学森赴美留学，在空气动力学、火箭技术和喷气推进等领域取得了杰出成就，成为美国科学界炙手可热的新星。1949 年，社会主义新中国成立的消息传遍了海外，钱学森激动不已，决心放弃美国优越的生活条件和科研环境，回到百废待兴的新中国。在中国政府的努力交涉下，钱学森克服了重重阻挠，终于在 1955 年回到了魂牵梦萦的祖国。

回国后，钱学森被任命为中国科学院力学研究所所长，后又担任国防部第五研究院院长。他主持完成了"喷气和火箭技术的建立"规划，参与了近程导弹、中近程导弹和中国第一颗人造地球卫星的研制，极大地提升了我国的国防实力。

在回国后的日子，他目睹了中华人民共和国欣欣向荣的发展景象，这位在旧中国度过漫长黑夜的科学家大为感动。他深深认识到，党的事业是非常伟大的，而他个人不管有多大本事，如果不依靠党组织，他所追求的祖国强盛梦想也无法实现。所以，他不久后便萌生了入党的愿望。

1959 年，钱学森加入了中国共产党，这标志着他的人生追求与党和国家的事业紧密融合在了一起。此后，无论是在科研一线还是在教学岗位，他都始终坚守共产党员的理想信念，用自己的实际行动诠释了一位科学家对党和国家的无限忠诚。钱学森在回忆当年曲折的回国之路时说：

“我为什么要选择中国？我的回答是因为我选择了马克思主义，选择了共产主义理想；还因为我热爱我的祖国。”

思考：钱学森为什么要突破重重困难回到新中国？是什么让他坚定了留下来的信念？他为什么要申请加入中国共产党？

钱学森的故事，是中国知识分子热爱祖国、忠诚于党、献身社会主义伟大事业的光辉典范。这个故事告诉我们，诚挚地爱党、爱社会主义，就会让我们产生更强烈的爱国之情、报国之志。因为党和社会主义的使命就是让国家富强。要让爱国主义有生命力、真真切切，就必须坚持把爱国与爱党、爱社会主义结合起来，这是当代中国爱国主义最鲜明的特点。

2. 实现民族复兴的必然要求

> 祖国的命运和党的命运、社会主义的命运是密不可分的。
>
> ——习近平

没有中国共产党，哪有社会主义中国？哪有中国特色社会主义？哪有中华民族伟大复兴？我们要坚持爱国与爱党、爱社会主义的统一，这样才能坚定拥护中国共产党的领导，坚持走中国特色社会主义道路，这是实现中华民族伟大复兴的必然要求。

20 世纪 90 年代，苏联解体、东欧剧变，世界社会主义运动跌入了低谷。邓小平同志带领党和人民，坚定地守住了社会主义的旗帜，让党和国家挺过了风浪的考验。他满怀信心地指出：“中国的社会主义是变不了的。中国肯定要沿着自己选择的社会主义道路走到底。谁也压不垮我们。”实践已经无数次证明，要实现中华民族伟大复兴，就必须坚持党的领导，必须坚持发展中国特色社会主义。

案例分析

中国探月工程新突破
——“飞天揽月”何以实现？

2004 年，我国探月工程立项开始。20 多年来，在中国共产党的坚强领导下，在中国特色社会主义制度优越性的支撑下，中国探月工程从无到有、从小到大、从弱到强，走出了一条高质量、高效益的月球探测之路，在取样月壤方面更是走到了世界前列。

千百年来，人类望月抒怀，看到的只是月亮的正面。自 20 世纪 50 年代开始，全世界进行了 100 多次月球探测，实现 10 次月球正面采样返回，却鲜有人涉足月背。而如果没有从月背带回的样本，科学家们就无法彻底了解月球作为一个完整天体的情况。

2019 年，嫦娥四号突破月背着陆这一世界难题。2020 年，嫦娥五号从月球正面北半球成功采回迄今研究发现的“最年轻”月壤。2024 年 6 月 25 日下午，内蒙古四子王旗阿木古郎草原。湛蓝的天幕下，一顶红白相间的大伞缓缓降落——嫦娥六号返回器携带月背样品到家了！在完成历时 53 天的太空之旅之后，嫦娥六号实现人类历史上首次月球背面采样返回。

“你们作出的突出贡献，祖国和人民将永远铭记！”习近平总书记致电祝贺探月工程嫦娥六号任务取得圆满成功。国家航天局探月与航天工程中心主任关锋振奋不已：“在以习近平同志为核心的党中央引领下，中国探月工程步履坚实、阔步向前！”

“我们敢为人先，凭的是什么？”嫦娥五号、六号任务总设计师胡浩感慨道：“没有社会主义集中力量办大事的传统优势，没有新型举国体制支撑，中国探月工程历时 17 年的‘绕、落、回’三步走规划就不可能如期完成。”

思考：为什么中国探月工程能在短短的 20 年内就实现从无到有、从弱到强的历史性飞跃？与其他国家的探月工程相比，根本原因在哪里？

实践已经证明，这样一项规模宏大、系统复杂、高度集成的工程，靠个人或少数人的力量是根本无法完成的。只有在党的统一领导下，依靠社会主义集中力量办大事的制度优势，中国探月工程才能相继突破一系列关键技术，推动新器件、新材料、新工艺、新能源等领域技术创新，创造出一个又一个“中国奇迹”。

第 2 节
爱国就要维护国家统一、民族团结

毛泽东同志深刻地指出："国家的统一，人民的团结，国内各民族的团结，这是我们的事业必定要胜利的基本保证。" 2019 年，中共中央、国务院印发的《新时代爱国主义教育实施纲要》中也强调，要"坚持以维护祖国统一和民族团结为着力点"。国家统一和民族团结是中华民族根本利益所在，爱国就要维护国家统一，维护民族团结。

一、维护国家统一

维护国家统一是爱国主义的重要内容。国家的统一意味着领土完整、主权完整和政治稳定，这是全国各族人民最根本、最核心的利益。只有国家统一，才能保证国家的稳定和发展，才能实现民族的复兴。实现祖国的完全统一，是全体中华儿女的共同愿望，也是历史发展的必然趋势。

1. 主权和领土完整是国家核心利益

> 在原则问题上寸步不让，以坚定的意志品质维护国家主权、安全、发展利益。
>
> ——习近平

《联合国宪章》明确了尊重国家主权和领土完整的重要原则。不论国家大小、强弱、贫富，主权都是平等的，都要得到尊重，内政不允许其他国家干涉。领土完整，就是国家对领土拥有不可分割的主权，包括对领土内的所有自然资源、公民、文化和历史遗迹等，都享有完全的控制权。

主权和领土完整是国家的核心利益，关系到国家的独立、统一和安全。一个国家的主权和领土完整是国家独立自主地处理内外事务的最高权力，是国家最基本、最重要的权力。国家主权和领土完整，不仅代表着国家的尊严和实力，更是国家保障人民福祉、维护自身利益的重要基础。

回顾历史，1840 年鸦片战争后，国家蒙辱、人民蒙难、文明蒙尘，中华大地和中华民族经历了前所未有的劫难，香港、澳门等地直到 20 世纪末才回归祖国。我们作为和平年代的中国人，更应该深刻地认识到，主权和领土完整，对国家和人民至关重要。

案例分析

新时代戍边英雄
——“清澈的爱，只为中国”

在巍峨壮丽的喀喇昆仑山脉，有一群英勇无畏的边防战士守卫着我国的西北边疆。在 2020 年 6 月加勒万河谷冲突中，面对外军的非法越界挑衅，他们挺身而出，用血肉之躯捍卫每一寸国土，陈红军、陈祥榕、肖思远、王焯冉 4 名战士英勇牺牲。

陈红军，甘肃省两当县人，陆军某边防团机步营营长。他视祖国利益高于一切，每逢急难险重任务，陈红军总是冲锋在前，用实际行动诠释了一名军人的责任与担当。在边境管控斗争中，陈红军为营救被围困的战友，突入重围，英勇战斗，最终壮烈牺牲。

陈祥榕，福建省宁德市屏南县人，陆军某边防团战士。2001 年出生，牺牲时不到 19 周岁。“清澈的爱，只为中国。”这是陈祥榕 18 岁入伍时立下的报国之志，也是他一生的真实写照。在冲突中，陈祥榕作为盾牌手战斗在最前面，毫不畏惧、英勇战斗，直至壮烈牺牲。

肖思远，河南省延津县人，陆军某边防团班长。在冲突中，面对外军疯狂挑衅和暴力攻击，毅然顶到一线，敢打猛冲，突围后又义无反顾返回营救战友，遭敌围攻壮烈牺牲。肖思远牺牲后，战友们整理遗物时，看见他在一篇战地日记中写道：“走在喀喇昆仑，我们就是祖国的界碑，脚下的每一寸土地，都是祖国的领土！”

王焯冉，河南省漯河市人，陆军某边防团班长。奉命支援加勒万河谷斗争，作为渡河先锋，王焯冉率先跳入冰冷刺骨的河水中。当有战友被激流冲散时，他拼力救助 4 名战友脱险，英勇牺牲。

思考：在这 4 位“和平年代”的烈士身上，我们能学到什么？“和平年代”是谁在守护人民群众的和平？

这 4 位烈士的故事，是新时代中国军人精神风貌的真实写照。他们用生命铸就了忠诚，用热血浇灌了和平。在中国特色社会主义新时代，我们捍卫国家主权和领土完整的决心更加坚定，实力也更加强大。无论是外来敌人的侵害挑衅，还是内部敌人的分裂阴谋，我们都将坚定地反对，严厉制止。

2. 实现祖国完全统一是历史大势

国家统一、民族复兴的历史车轮滚滚向前，祖国完全统一一定要实现，也一定能够实现！

——习近平

1925 年，祖国国土分裂、主权沦丧，爱国诗人闻一多写下了著名的《七子之歌》。在诗中，香港、澳门、台湾等 7 个地区化作了与祖国母亲分离的孩子，都在呐喊着：“母亲，我要回来！”从古至今，统一始终是历史的主流，祖国的完全统一更是当代全体中华儿女的共同愿望。

改革开放后，党中央为了中华民族的整体和长远利益，提出了“一个国家，两种制度”的伟大构想，为和平实现祖国完全统一开辟了新道路。经过艰苦的谈判和努力，我国政府分别在 1997 年和 1999 年对香港、澳门恢复行使主权，洗刷了中华民族百年的耻辱。

回归祖国后，香港、澳门特别行政区既是国家不可分割的一部分，又保持了国际化的大都市特色，成了连接中国与世界的桥梁。回归以来，香港、澳门特别行政区背靠强大的祖国，在中央政府的支持下，成功地应对了自然灾害、经济危机、公共卫生事件等各种挑战。“粤港澳大湾区”的建设，更是为港澳的发展注入了新动力。爱港、爱澳同胞团结在爱国主义的旗帜下，为维护港澳的长期稳定繁荣而不懈努力。

解决台湾问题、实现祖国完全统一，是中国共产党矢志不渝的历史使命，也是中华民族伟大复兴的必然要求。台湾自古以来就是中国领土的一部分。明朝时，郑成功收复台湾；清朝时期，设立了台湾府。台湾是中国领土的一部分，这是历史和法律上的事实。两岸同胞血脉相连，是一家人。在两岸分离的这些年里，无数人时时刻刻都渴望回到故乡，回到亲人的身边。

案例分析

高秉涵：执着归乡的台湾老兵

高秉涵，1936 年出生于山东菏泽。13 岁因战乱离开家乡，辗转抵达台湾。本以为与家人只是短暂的分离，没想到这一别就长达几十年。在台湾，高秉涵曾通过各种办法联系身在大陆的母亲。

1979 年，大陆与台湾尚无法通信，他委托异国的同学帮忙寄出第一封家书。他也不知道自己的村子是否还在，就写下了“山东省菏泽市西北 35 里处高庄”，收信人是母亲“宋书玉”。在不长的信中，他写道：“我之所以要艰苦地活下去，就是为了有朝一日能再见我娘一面……娘，我会活着回来！”高秉涵并不知道，在海峡这边，就在这封信辗转寄达的一年前，年迈的母亲在等待中已耗尽了她的生命。

随着两岸直航开通，回家不再如先前那般艰辛。200 多名从菏泽一路历经战火和逃难来到台湾的同乡，组成了“菏泽旅台同乡会”，高秉涵被推选为会长。他视每一位同乡为亲人，虽已无法再见母亲，他却尽力帮助每一位同乡与亲人团聚。70 多岁高龄的他，仍坚持每年清明或中秋陪伴想要回家的同乡一起返乡。

“我答应过他们，只要还有一个人要回家，我就陪他们一起回来。”对每一位希望魂归故里的同乡，他都会亲自带上骨灰盒，站在菏泽老家的村头，完成同乡生前的愿望。高秉涵先后为上百位老兵带回骨灰，他被评为“感动中国 2012 年度人物”。

家是什么？高秉涵说：“家就是这个曾经再怎么努力都回不来的地方，但我从没放弃过努力！”

思考：一位台湾老兵为了回家期盼了 60 多年，努力了 60 多年，亲自带回了 100 多位老兵的骨灰盒。这个故事说明海峡两岸有着怎样割不断的血脉亲情？

1979 年 1 月 1 日，全国人大常委会发表《告台湾同胞书》，明确具体地提出了解决台湾问题，和平统一祖国的设想。1992 年，两岸达成了“海峡两岸均坚持一个中国原则”的“九二共识”。2008 年，两岸海运直航、空运直航以及直接通邮正式启动，一封封家书跨越海峡，一个个家庭重新相聚，海峡两岸交流往来从此迈入“天堑变通途”的新阶段。台湾同胞和大陆同胞有着共同的语言、文化和历史渊源，两岸人民同根同源，血脉相连。这充分说明，统一是历史发展的必然趋势，符合民族大义，也是人民的共同心愿。

2005 年 3 月，《反分裂国家法》正式施行。这部法律明确规定：世界上只有一个中国，大陆和台湾同属一个中国，中国的主权和领土完整不容分割。习近平总书记强调：“台湾是中国的台湾。解决台湾问题是中国人自己的事，要由中国人来决定。”我们坚信，任何分裂势力都阻挡不了历史向前发展的滚滚洪流。一百多千米的海峡，隔不断我们五千多年的血脉亲情。中国终将实现完全统一，台湾必将回归祖国怀抱！

二、维护民族团结

民族团结的基础是各民族在政治上的平等，本质就是各民族一起谋求共同发展。民族团结是各族人民的生命线。我们要深刻理解我国是统一的多民族国家这个基本特征，了解中华文明所取得的一切成果都是中华民族共同创造的。我们要铸牢中华民族共同体意识，为建设中华民族共同体不懈努力。

1．我国是统一的多民族国家

> 要教育引导全国各族人民像爱护自己的眼睛一样珍惜民族团结，维护全国各族人民大团结的政治局面。
>
> ——习近平

民族，是经过长期历史发展形成的稳定共同体，它们因为历史、文化、语言等方面与其他群体不同而相互区别。我国是一个多民族国家，有汉族、满族、藏族、蒙古族、维吾尔族、回族、壮族等共 56 个民族。中华民族，是在历史上经过长期的民族融合而形成的，是我们对当代中国境内 56 个民族的共同称呼。

中华民族是有着五千多年文明史的伟大民族，各民族共同开拓了祖国的辽阔疆域，共同缔造了统一的多民族国家，共同书写了辉煌的中国历史，共同创造了灿烂的中华文化，共同培育了伟大的民族精神。中华民族的形成过程是持久、漫长的。它起源于新石器时代的黄河流域，以炎黄子孙为核心，融汇了草原、高原、海洋等各区域的文明。在各个历史时期，各民族不断交往、交流、交融，最终形成一个统一的中华民族大家庭。

案例分析

土尔扈特部东归的故事

土尔扈特部东归是世界历史上最后一次民族大迁徙，以其史诗般的悲壮震惊世界。土尔扈特部原属蒙古部落，于明末迁移至伏尔加河流域定居。18 世纪初，沙俄势力染指伏尔加河，土尔扈特人在文化、宗教信仰上遭受压制，并被迫承担沉重的军事义务，民不聊生。

到了 1760 年，渥巴锡继任土尔扈特部首领，面对严峻形势，他审时度势，深感回归祖国的必要性。经过周密筹划，渥巴锡秘密联络清朝官员，表达了希望重返中国的意愿，并得到清廷的支持和庇护承诺。1770年，渥巴锡作出重大决定，率部东归，脱离沙俄统治，回归故土。

东归之路充满了艰险与挑战。土尔扈特部在严冬之际启程，面临的是冰封的河流、茫茫的草原和沙俄军队的追击。沿途疾病、饥饿、战斗接踵而至，损失惨重。据史料记载，出发时约有 17 万人，途中遭遇了沙俄骑兵的多次袭击和恶劣天气的考验，到达新疆伊犁河流域时，幸存人数已锐减至不到一半。

尽管旅途充满磨难，但土尔扈特人的意志未曾动摇。终于，在 1771 年，渥巴锡率领残部抵达新疆伊犁，投入了祖国的怀抱。清乾隆皇帝闻讯后，高度评价此次东归之举，将其视为民族忠贞和家国情怀的典范，给予了土尔扈特部妥善的安置和优待。

回归中华民族大家庭的土尔扈特部人终于过上了安居乐业的日子，世代繁衍、生生不息，在今天新疆的巴音郭楞蒙古自治州仍有他们的后代。土尔扈特部历经千辛万苦，最终回到祖国，这真正体现了我们中华民族的凝聚力和向心力。

思考：通过土尔扈特部东归的故事，思考中华民族的大家庭与内部的民族成员有着怎样的关系。

中华人民共和国成立后，创造性地实施了民族区域自治制度，这一制度最大限度地保证了各民族的自由发展，同时，也开创了平等、团结、互助、和谐的社会主义民族关系。各个民族在人口数量、居住区域、文化传统、生活习俗等方面都存在差异，但他们都享有平等的政治地位，都怀揣着民族复兴的共同梦想。汉族离不开少数民族，少数民族离不开汉族，各少数民族之间也相互离不开。你中有我，我中有你。

歌曲《爱我中华》中唱道：“五十六个星座，五十六枝花，五十六族兄弟姐妹是一家。”团结是各族人民的生命线。我们要尊重各民族独特的生活习俗，时刻警惕民族分裂主义。在中华民族大家庭中，大家只有像石榴籽一样紧紧抱在一起，手足相亲、守望相助，才能实现民族复兴的伟大梦想，民族团结进步之花才能长盛不衰。

2. 铸牢中华民族共同体意识

中华民族共同体的形成和发展是人心所向、大势所趋、历史必然。

——习近平

党的十八大以来，党中央明确提出，铸牢中华民族共同体意识是新时代党的民族工作的主线，也是民族地区各项工作的主线。中华民族共同体，是以中华文化为基础，由中国的56个民族共同构成的命运共同体。它强调各民族在历史发展中形成的共同命运、共同价值观念、共同文化根基和共同发展目标。这深刻体现了中国多元一体的基本国情和民族关系的本质特点。

中华民族共同体，是对中华民族概念的发展和深化。习近平总书记提纲挈领地将其概括为“休戚与共、荣辱与共、生死与共、命运与共的共同体理念”。其核心目的，就是要推动中华民族成为一个认同度更高、凝聚力更强的命运共同体。

案例分析

雪域高原的“金珠玛米”与“天路”

西藏和平解放之前，封建农奴制度已经在雪域高原上延续了上千年。据有关史料，农奴超过旧西藏人口的90%，而他们的人身却被农奴主占有，甚至可以买卖、转让、赠送、抵债。1950年的西藏有100万人口，其中没有住房的就达90万人。

1951年，西藏实现和平解放。人民解放军在西藏人民支持下，进驻拉萨。1959年，中央政府在西藏进行民主改革，废除了腐朽、黑暗的封建农奴制度，百万农奴和奴隶翻身得解放，不再作为农奴主的个人财产，不再被农奴主强迫劳动，获得了人身自由。被解放的西藏人民亲切地称呼解放军为“金珠玛米”，在藏语中意为“救世主”。

21世纪初，为了彻底改变青藏高原的交通面貌，加强与祖国内地的联系，党中央、国务院决定修建青藏铁路。这条世界上海拔最高的铁路，全长 1 956 千米，其中海拔 4 000 米以上的路段长达 960 千米，沿途经过多年的冻土区、无人区和生态脆弱区，工程建设面临前所未有的挑战。

参与青藏铁路建设的，有来自汉、藏、蒙古、回等多个民族的劳动者，他们虽然语言各异、习俗不同，但在共同的目标面前，形成了坚不可摧的团队。面对高原反应、冻土难题、生态保护等一系列前所未见的挑战，各民族建设者没有退缩，充分发挥各自的优势，相互学习、相互帮助，最终攻克了一个又一个难关。

在藏族同胞的家里，只要一谈起青藏铁路，人们都非常激动，他们不把青藏铁路叫铁路，而是形象地称其为“天路”。藏族老阿妈拉姆激动地说：“青藏铁路是共产党为我们藏族人民修的天路！多少年来，我们西藏人民就一直渴望能有一条通往远方的路，这条路可以带我们走出贫穷，走出落后，走向富裕，走向北京。”经过多年的艰辛努力，青藏铁路于 2006 年全线通车。正如歌曲《天路》中赞颂的那样：“那是一条神奇的天路，把人间的温暖送到边疆。从此山不再高路不再漫长，各族儿女欢聚一堂。”

思考：为什么即使面临恶劣的自然环境、付出巨大的代价，也要修筑这样一条“天路”？

中华民族“命运与共”的传统由来已久。在内蒙古乌兰察布，有位“最美额吉”叫都贵玛，她接纳并悉心养育众多汉族孤儿，给了这些“国家的孩子”一个温暖的家；在新疆阿勒泰，有个“草原上的活雷锋”马殿英，他先后拿出 60 多万元，无偿帮助数不清的牧民，还资助 30 多个牧民的孩子上了大学；在西藏拉萨，有个“团结新村的团结标兵”罗布曲扎，他十多年如一日无私帮助来自贵州的患病邻居……一朵朵团结之花在中华大地上绽放。

建设中华民族共同体，强调的是中华民族的根本利益和整体利益。我们要在保护各民族文化遗产的同时，找出最大公约数，画出最大同心圆，最大限度把各民族的力量凝聚起来，团结奋斗，促进各民族繁荣发展。这样，中华民族就能成为一个认同度更高、凝聚力更强的命运共同体。

第 3 节
爱国就要既立足中国又面向世界

当前，世界的变化、时代的变化、历史的变化正以前所未有的方式进行着。中华民族伟大复兴的战略全局和世界百年未有之大变局相互交织、相互激荡，我们应该怎样看待中国和世界的关系呢？习近平总书记指出，中国的命运与世界的命运紧密相关，我们要把弘扬爱国主义精神与扩大对外开放结合进来。《新时代爱国主义教育实施纲要》也强调，要“坚持立足中国又面向世界”。因此，在全球化时代，我们爱国，不仅要从中国的视角去爱，还要站在世界的视角去爱。

一、立足中国

在世界的浪潮中，中国应如何自处？归根结底，就是要坚持自信自立。我们要以中国和中华民族的历史、文化、精神品格为根基，理性审视中华文明的成果，做到古为今用、推陈出新。对于本国的历史文化，我们要自尊自信，自立自强，坚定地走出一条属于自己的发展道路。

1. 坚定文化自信

有文化自信的民族，才能立得住、站得稳、行得远。

——习近平

习近平总书记在《必须坚持自信自立》一文中自豪地说：“当今世界，要说哪个政党、哪个国家、哪个民族能够自信的话，那中国共产党、中华人民共和国、中华民族是最有理由自信的。”党的二十大报告也强调：“我们要坚持对马克思主义的坚定信仰、对中国特色社会主义的坚定信念，坚定道路自信、理论自信、制度自信、文化自信。”

在“四个自信”中，文化自信是更基本、更深沉、更持久的力量，也是更基础、更广泛、更深厚的自信。因为文化无处不在，它影响着国家和民族的历史、现在和未来。文化自信，就是一个民族、一个国家、一个政党对自身文化理想、文化价值的高度信心，对自身文化生命力、创造力的高度信心。这种自信既不妄自尊大，也不妄自菲薄，而是一种理性、平和的自尊和自信。

中华民族具有五千多年的文明史。中国文化源远流长，中华文明博大精深。中华文明的伟大创造，例如“四大发明”中的造纸术，让语言文字得以更好地传承；指南针则为新航路的开辟提供了重要工具，在人类历史上留下了浓墨重彩的一笔。

而且，中华文明有着突出的连续性，历经数千年而绵延不绝、屡遭忧患却经久不衰，是世界上唯一没有中断、一直绵延至今的文明。这是人类文明的奇迹，也是我们自信的底气。不难发现，在王朝更替、民族融合的历史进程中，中华文化也在不断更新和创造，正是这种内在的自我革新，为它提供了源源不断的生命力。

“苟日新，日日新，又日新。”坚持走中国特色的文化发展道路，并不意味着自我封闭，拒绝与外界文化的交流。吸收外来文化的精华部分，也不等于抛弃本民族的文化传统。在摒弃“西方中心论”的同时，我们更要有包容的胸怀，去消解“华夏中心论”的影响。也就是说，在坚守本国、本民族文化的同时，要平等看待世界各国各民族的文化，以世界的眼光来坚守中华文化。

案例分析

北京冬奥会与冬残奥会，文化自信的典范

2022 年的北京冬奥会和冬残奥会不仅仅是一项国际体育盛事，更是一次中国向世界讲述自身故事、传递文化精髓的绝佳机会。它全方位地体现了中华文化的深厚积累和创新实践。从筹备到举行，每一个细节都承载着中国故事，彰显着中华文化的独特魅力和时代风采。

开幕式是北京冬奥会文化自信的集中展现。从二十四节气倒计时开始，就用中国独有的时间概念，将自然之美与人文情怀融为一体，向世界展示了中国古老农耕文化的智慧。接着，以“黄河之水天上来”的壮观景象开场，不仅展现了中华民族的母亲河——黄河的磅礴气势，更寓意着生命的起源和文化的根基。此外，开幕式还采用了大量中国元素，如灯笼、窗花、剪纸、书法等，以及京剧脸谱、武术等表演，无一不展现出浓郁的中国风情，让全球观众沉浸在中国文化的海洋之中。

冬奥会的各个场馆也是文化自信的载体。例如，“雪如意”跳台滑雪中心的设计灵感源自中国古代的玉如意，寓意吉祥如意，既展现了中国传统文化的雅致，又融入了现代设计理念，实现了功能与审美的完美结合。“冰立方”（原名“水立方”）的华丽转身，则是在原有基础上进行了智能化改造，使其既能满足冬奥会的需求，又延续了其原有的文化价值，成了一个集历史记忆与未来展望于一体的标志性建筑。

冬奥会的吉祥物“冰墩墩”和冬残奥会的吉祥物“雪容融”分别以大熊猫和灯笼为原型设计，不仅可爱至极，深受人们喜爱，更蕴含着丰富的文化意义。“冰墩墩”象征纯洁、坚强，象征着冬奥会运动员强壮的身体、坚忍的意志和鼓舞人心的奥林匹克精神；而“雪容融”则以“中国红”为主色调，寓意着点亮梦想、温暖世界，代表着友爱、勇气和坚强，体现了冬残奥会运动员的拼搏精神和激励世界的冬残奥会理念。这两个吉祥物的成功，不仅在于它们的憨态可掬，更在于它们背后所承载的中华文化自信。

思考：为什么说北京冬奥会和冬残奥会是一场展现文化自信的盛会，你认为真正的文化自信体现在哪些方面?

北京冬奥会和冬残奥会通过多种渠道和方式，向全世界展现了中华文化的博大精深和时代风采。这证明了文化自信不仅能够增强国内的凝聚力，还能促进国际的相互理解和友好交往。

2. 坚持独立自主

中国人民和中华民族从近代以后的深重苦难走向伟大复兴的光明前景，从来就没有教科书，更没有现成答案。

——党的二十大报告

党的百年奋斗成功道路是党领导人民独立自主探索开辟出来的。这条路上，有一个基本点始终贯穿其中：中国的问题必须从中国的基本国情出发，由中国人自己来解答，这就是坚持独立自主。独立自主是中华民族的优良传统，是中国共产党、中华人民共和国立党立国的重要原则。

坚持独立自主，就要坚持中国的事情必须由中国人民自己作主张、自己来处理，把我们国家发展进步的命运牢牢掌握在自己手中。对于外来的有益的经验和做法，我们可以虚心学习、合理吸收，但这并不意味着“邯郸学步”或者“囫囵吞枣”，那样只会“画虎不成反类犬”。放眼海内外，没有一个民族、没有一个国家是靠依赖外部力量或者跟在别人身后亦步亦趋就能实现强大和振兴的。那样做，要么必然失败，要么必然成为别人的附庸，迷失在历史的洪流中。

案例分析

打造中国人自己的“太空之家”
——中国自主建设空间站的伟大成就

自 1971 年苏联成功发射了人类历史上第一个空间站后，很长一段时间，美苏（俄）几乎垄断了人类航天技术。始建于 1998 年的国际空间站，其核心技术与材料也都出自美俄两国。空间站项目启动时，中国曾尝试加入，却因各种原因未能如愿。

但这并没有让中国航天人停下脚步，反而激发了他们内心深处的斗志和决心。深知核心技术买不来、讨不来的道理，中国航天决定走一条属于自己的道路，一条充满未知与挑战的道路——独立自主建造自己的空间站。

2011 年秋，天宫一号横空出世，作为中国首个目标飞行器，它标志着中国已经拥有建立初步空间站（短期无人照料空间站）的能力。紧接着，在 2016 年，天宫二号顺利升空，搭载了各类科学实验设备，是我国第一个真正意义上的太空实验室。神舟十一号载人飞船随后与之成功对接，航天员景海鹏、陈冬入驻天宫二号，创造了中国航天员在太空驻留 30 天的历史纪录。

2021 年，长征五号 B 运载火箭托举着中国空间站天和核心舱直入苍穹，发射任务取得圆满成功。天和核心舱是天宫空间站的“智慧大脑”和中枢，它好比是大树的树干，其他的舱段都会安装在它的接口上，它也是航天员长期驻留的主要生活场所。这意味着中国拥有了长期在轨运行的空间实验室，能够支持多名航天员长时间驻留，开展更大规模的太空科学实验和技术创新。此后，问天实验舱和梦天实验舱相继发射并与核心舱精准对接，形成“T”字基本构型，标志着中国空间站全面建成，转入应用与发展阶段，全面实现了载人航天工程“三步走”发展战略目标。

自力更生建设空间站，虽然投入巨大、探索艰难，但建成后将具备完全自主的载人航天能力，无须依赖外国技术，少了“寄人篱下”“看人脸色”的烦恼，也为我国继续“向星辰大海进军”打下了坚实基础。

思考：对于当时航天技术相对落后的我国来说，为什么在没有其他国家帮助的情况下，还要坚持自主研发、建设空间站呢？过于依赖外部力量可能会带来怎样的后果？

中国空间站的建设历程，有力地证明了一个道理：依靠自己，我们不仅能走得更稳，还能走得更远。中国高铁技术，一开始是引进吸收，后来转变为自力更生、自主创新，建立了包括设计、施工、装备、运营和维护在内的完整体系，一跃成为世界高铁的“领头羊”。面对西方国家在通信领域的“卡脖子”难题，中国坚持自主研发 5G 技术，不仅在 5G 标准化制定中扮演了关键角色，还在基站建设、终端设备、应用场景开发等方面取得了显著成就。在连接香港、珠海和澳门的港珠澳大桥建造中，中国工程师采用了外海大直径钢圆筒振沉快速成岛、沉管浮运安装等一系列原创技术，克服了一个又一个难关，这是新时代大国超级工程技术实力的展示，更是独立自主精神的彰显。

习近平总书记在纪念毛泽东同志诞辰120周年座谈会上的讲话中指出，“这种独立自主的探索和实践精神，这种坚持走自己的路的坚定信心和决心”，是“党和人民事业不断从胜利走向胜利的根本保证”。在中国这样一个人口众多、经济相对落后的东方大国进行革命和建设，我们的国情与使命决定了我们只能走自己的路。无论过去、现在还是将来，我们都要把国家和民族的发展建立在自己的力量上，坚持民族自尊心和自信心，坚定不移地走自己的路。

二、面向世界

毛泽东指出，中华民族是“富于民族自尊心与人类正义心的伟大民族”。习近平总书记也强调，中国共产党是“为人类谋进步、为世界谋大同的党”。中国的发展离不开世界，世界的繁荣也需要中国。

中国如何面向世界？那就是要尊重各国的历史文化传统，尊重各国人民的发展道路，要积极倡导求同存异、交流互鉴，共同推动人类文明发展进步，推动构建人类命运共同体。

1. 秉持开放包容的胸怀

面对风险和挑战，任何国家都不可能独善其身，坚持团结合作、开放包容才是人间正道。

——习近平

中华文明具有显著的包容性，其博大气象得益于中华文化自古以来就秉持的开放姿态和包容胸怀。坚持开放包容，意味着我们要更加积极主动地学习并借鉴人类创造的一切优秀文明成果。无论是提升国内先进文化的凝聚力和感召力，还是增强中华文明在国际上的传播力和影响力，都离不开融通中外、贯通古今。

在世界历史发展的长河中，孕育出了多姿多彩的文明，这些文明又催生了多种多样的文化。在当今全球化的时代，文化的多样性更是成为各种文化不断更新、创造和发展的重要动力。我们应该尊重各个国家和民族文化的差异与个性，善于从不同文明中汲取智慧、吸收营养。同时，我们也要尊重各国不同的历史文化传统和发展阶段，尊重各国人民自主选择的发展道路和制度模式。

正是因为秉持着开放与包容的心态，自中华人民共和国成立以来，我们不仅始终坚持走和平发展的道路，也始终关心世界和平与发展。1953 年，周恩来总理在接见印度政府代表团时，第一次提出和平共处五项原则，即“互相尊重领土主权、互不侵犯、互不干涉内政、平等互惠和和平共处”。这五项原则在次年的日内瓦会议期间得到亚非拉国家的普遍认可，为推动国际秩序朝着更加公正合理方向发展奠定了重要思想基础。

2014 年春天，习近平主席出访欧洲，在巴黎谈及“中国睡狮论”时说：“中国这头狮子已经醒了，但这是一只和平的、可亲的、文明的狮子。”中国绝不走殖民掠夺的老路，也绝不走国强必霸的歪路。相反，我们积极弘扬亲仁善邻、讲信修睦、协和万邦的优秀传统，在国际事务中坚守公平正义、扶弱扬善的精神风骨。

案例分析

中国医疗队援助非洲抗击埃博拉病毒

2014 年至 2016 年间，西非多个国家暴发了埃博拉疫情。这是历史上流行规模最大的一次，给当地造成了极大的人员伤亡和经济冲击。在这场没有硝烟的战争中，中国医疗队挺身而出，成为抗击疫情的先锋力量。

面对埃博拉疫情的严峻形势，中国政府迅速反应，决定派出多批医疗队前往疫情最为严重的几内亚、利比里亚和塞拉利昂等国支援。来自中国多个省市的优秀医护人员义无反顾地踏上征程，前往疫情一线，展现了中国医务工作者的勇气和牺牲精神。

中国医疗队员在极度危险的环境下，穿着厚重的防护服，长时间工作在高温之下，面临着随时可能感染的风险。他们不仅要负责收治病人，还要承担起培训当地医护人员的任务。他们教授当地医护人员如何正确穿戴防护装备，以及处理疑似病例的标准流程。其中，中国援建的移动实验室发挥了关键作用，大大提高了样本检测的速度和准确性，为疫情防控争取了宝贵的时间。

中国医疗队在非洲的日子，不仅是与病毒斗争的过程，也是与当地人民建立起深厚友谊的过程。医疗队的成员经常利用休息时间为当地社区提供健康咨询，发放预防疾病的宣传资料，有时还会亲自上门为行动不便的老人提供医疗服务。这些看似微小的行为，却深深地触动了当地民众的心，让他们感受到了来自中国的温暖和关怀。

中国在此次抗击埃博拉病毒的过程中，还积极与世界卫生组织以及其他国家的医疗团队展开合作，共享信息资源，协同作战。中国医疗队的专业能力和无私奉献得到了国际社会的广泛赞誉，也为后续应对类似公共卫生事件积累了宝贵的经验。

思考：面对如此危险的埃博拉病毒，为什么中国医疗队的队员依然义无反顾帮助非洲人民？这体现了怎样的精神？

中国医疗队援助非洲抗击埃博拉病毒，是国际人道主义合作的一个光辉范例。它展现了中国作为一个负责任的大国，在全球公共卫生危机面前的担当。除了提供医疗援助，中国还积极派遣维和部队，保护多地民众的生命和财产安全，同时，中国支持第三世界国家建设公路、铁路等基础设施。这些行动为中国赢得了广泛的国际赞誉，这又何尝不是一种更深层次的爱国表现？

2. 构建人类命运共同体

构建人类命运共同体是世界各国人民前途所在。

——习近平

“我和你，心连心，同住地球村。”2008 年 8 月，北京奥运会开幕式上一首动人的歌曲《我和你》，向全球诉说了中国人民的大同情怀。2013 年 3 月，习近平主席在俄罗斯莫斯科国际关系学院的演讲中，首次向世界阐述了人类命运共同体理念。“这个世界，各国相互联系、相互依存的程度空前加深，人类生活在同一个地球村里，生活在历史和现实交汇的同一个时空里，越来越成为你中有我、我中有你的命运共同体。”

正如习近平总书记所说，世界各国犹如乘坐在同一条命运与共的大船上，这艘船承载的不仅是和平期许、经济繁荣、科技进步，还承载着文明多样性和人类永续发展的梦想。历史上，多元文明相互遇见、彼此成就，共同推动了人类社会大发展、大繁荣，书写了美美与共、交流互鉴的灿烂篇章。这个世界完全容得下各国共同发展、共同进步。不同文明完全可以在平等相待、互学互鉴中兼收并蓄、交相辉映。

人类命运共同体，顾名思义，就是每个民族、每个国家的前途命运都紧紧联系在一起，应该风雨同舟，荣辱与共，努力把“地球村”这个人类共同的家园建成一个和睦的大家庭，把世界各国人民对美好生活的向往变成现实。

案例分析

“一带一路”倡议
——与世界人民同呼吸、共命运

“一带一路”是“丝绸之路经济带”和“21 世纪海上丝绸之路”的简称。“一带一路”倡议是由中国提出的一项重大国际合作倡议，旨在通过促进共建国家和地区基础设施建设和互联互通，实现共同发展和繁荣，进而构建人类命运共同体。这一倡议自 2013 年提出以来，已经吸引了世界上超过四分之三的国家和 30 多个国际组织参与其中，覆盖了亚洲、欧洲、非洲、南美洲等多个区域，形成了跨大陆的开放合作网络。

共建“一带一路”以“五通”为主要内容，即政策沟通、设施联通、贸易畅通、资金融通、民心相通。基础设施互联互通是“一带一路”建设的优先领域。例如，中巴经济走廊项目的建设，不仅提升了巴基斯坦的基础设施水平，还为该国带来了巨大的就业机会和发展动力。

“一带一路”不仅是经济合作的纽带，也是文化交流的桥梁。通过举办各类文化交流活动、学术论坛、艺术展览等，增进了共建国家人民之间的相互了解和友谊。例如，设立的孔子学院和汉语教学点，让更多外国朋友有机会学习中文，了解中国文化。同时，中国也欢迎各国艺术家、学者来华访问，推动多元文化的对话与融合，促进了不同文明之间的互学互鉴。

“一带一路”倡议注重可持续发展理念，推动绿色低碳技术的应用，助力共建国家实现绿色转型。中国与共建国家合作开发太阳能、风能等可再生能源项目，减少对化石能源的依赖，共同应对气候变化挑战。

为了确保“一带一路”合作的透明度和公正性，中国积极推动建立和完善相关的法律框架和争议解决机制，保护各方合法权益。通过签订双边或多边合作协议，明确权利义务，防范风险，确保项目顺利实施。同时，倡导遵循国际通行的市场原则和商业规则，反对任何形式的保护主义，促进自由贸易和公平竞争。

思考：对比世界上依然存在的霸权主义，“一带一路”倡议的提出与实践彰显了怎样的精神？给中国和世界分别带来了什么？

“一带一路”倡议通过很多实实在在的合作项目，不仅帮助共建国家发展了经济，提高了人民的生活水平，还加深了各国在政治、经济、文化、安全等方面的互利合作，有力地推动了构建人类命运共同体的伟大事业。在这个过程中，中国一直坚持共商、共建、共享的原则，保持开放包容的态度，和共建国家一起，共同描绘了一幅合作共赢的美好画卷。

2017 年 1 月，习近平主席在联合国日内瓦总部演讲时说：“中国始终认为，世界好，中国才能好；中国好，世界才更好。”人类命运共同体理念的提出，正是着眼于全人类共同利益和福祉，它超越了文明冲突、零和博弈这些陈旧思维。

中国不仅是我们的祖国，也是世界的一部分，未来的中国，必将以更加开放的姿态走向世界、以更有活力的文明成果，和全人类一起，努力建设一个持久和平、普遍安全、共同繁荣、开放包容、清洁美丽的世界！

知识巩固

通过本章的学习，请结合自己的思考回答下列问题。

1. 结合本章所学，谈一谈爱国与爱党、爱社会主义的关系。
2. 列举一些中国特色社会主义进入新时代以来我国取得的成就。
3. 为什么说主权和领土完整是国家利益的核心所在?
4. 除了书中讲到的，你还知道哪些有关我国民族团结的感人故事?
5. 为什么说真正的爱国主义者也会爱世界、爱人类? 谈谈你的理解。

第 4 章
做一个爱国的中国公民

章首语

习近平总书记殷切期望："让爱国主义精神在广大青少年心中牢牢扎根，让广大青少年培养爱国之情、砥砺强国之志、实践报国之行，让爱国主义精神代代相传、发扬光大。"爱国，不能仅仅局限在认识上，不能仅仅停留在口号上，空谈误国，实干兴邦。我们要将爱国的情感、理想转化为实际行动。

怎样做一个爱国的中国公民呢？在情感上，我们要培养深厚的爱国情，爱祖国的大好河山和灿烂文化；在理想上，要砥砺高远的强国志，心怀复兴之梦、肩负青年使命、厚植家国情怀；在行动上，要践行务实的报国行，懂法守法，自律自强，追求卓越，做新时代的奋斗者、追梦人。

学习目标

1. 了解祖国的大好河山和灿烂文化。
2. 掌握民族复兴和强国建设的目标和实现路径。
3. 熟悉青年担当和家国情怀的基本内容。
4. 掌握理性爱国应坚持的原则。

第 1 节 培养深厚的爱国情

祖国和国家，从来都不是抽象的概念。爱国，首先要对祖国、对国家有深厚而真挚的情感。这种情感从何而来？当我们看到祖国的锦绣河山，心里就会涌起壮阔的情感；当我们感受到祖国灿烂辉煌的文化，自豪之感就会油然而生，这就是最朴素的爱国情。所以，具体来说，爱国，就是要热爱祖国的大好河山，热爱祖国的灿烂文化。

一、热爱祖国的大好河山

正如毛泽东在《沁园春·雪》里所写："江山如此多娇，引无数英雄竞折腰。"多彩的华夏大地，不仅为中华民族提供了生生不息的生存空间，也滋养着中华儿女的心田，塑造着我们的精神气质。热爱祖国的大好河山，就是爱祖国那辽阔的疆域、壮美的风景，还有纯净的生态环境。

1. 热爱祖国的地理疆域

祖国啊！我是你的十亿分之一，是你九百六十万平方的总和！

——舒婷

西周早期的青铜器"何尊"，底部铭文中铸有"宅兹中国"4 个字，意思是"这里就是中国"。这是目前可以追溯到的最早的"中国"一词，指的是天下之中、四海之内最适宜统治的地方。说起来，"中国"这个词在各种层面都有丰富的含义。但在当代，从地理意义上讲，它指的就是中华人民共和国的每一寸国土。

何尊

中国陆地总面积约 960 万平方千米，大陆海岸线长度约 1.8 万千米，岛屿岸线长度 1.4 万多千米。海域总面积约 473 万平方千米。在这片海域里，分布着 7 600 多个大小岛屿，其中最大的是台湾岛，面积有 35 759 平方千米。中国幅员辽阔，从东到西，跨度约 5 200 千米；从南到北，跨度约 5 500 千米。

案例分析

国测一大队：用汗水和生命丈量祖国大地

我们之所以能如此精确地知道我国地理疆域的各种数据、资料，很大程度上得益于国家测绘人员的无畏探索与无私奉献。自然资源部第一大地测量队（原国家测绘局第一大地测量队），也被称作“国测一大队”，就是全国测绘战线上一支功绩卓著、无私奉献的英雄测绘大队。

1954 年建队至 1965 年，是国测一大队的艰苦创业时期。当时，由于测绘资料残缺不全，不少内地省份，特别是边缘省区，测绘资料几乎一片空白。国民经济建设测绘先行，按照国家的部署，十余年间，大队先后投入 1 000 多名作业人员，在青海的柴达木盆地、甘肃河西走廊的祁连山地区、新疆的石油农垦开发区、东北的大庆地区，以及云、贵、川等地，开展了大规模的大地控制测量。

2020 年 5 月，国测一大队第七次测量珠穆朗玛峰高度，最终测定珠穆朗玛峰的最新高程为 8 848.86 米，向世界展示了我国测绘科技的巨大成就。七测珠穆朗玛峰，两下南极，39 次进驻内蒙古戈壁荒原，52 次深入西藏无人区，52 次踏入新疆沙漠腹地……自建队以来，国测一大队徒步行程超过 6 000 多万千米，相当于绕地球 1 500 多圈。国测一大队的历史，就是一部挑战生命极限的英雄史。

建队以来，有 46 名队员牺牲，大多数遗骨永远地留在了荒野测区，连块墓碑都无法安置。在中国广袤的土地上，洒下了测绘队员的鲜血和汗水，在杳无人烟的地方，留下了测绘队员们的足迹。“感动中国”的颁奖词这样评价这支英雄队伍：“为国家苦行，为科学先行，穿山跨海，经天纬地，你们的身影，是插在大地上的猎猎风旗。”

思考：为什么即使是人迹罕至、环境恶劣的地方也要去测量其地理数据？这些数据对国家意味着什么？你能从国测一大队的事迹中感受到怎样的精神？

国测一大队的事迹告诉我们，无论是高山平原，还是河流海洋，每一寸国土都有着重要的意义。他们的工作不仅为我国现代化建设提供了坚实的数据支撑，还在服务国家战略决策、维护国家主权和领土完整等方面发挥了重要作用。爱国，首先就是要爱脚下的每一片土地，守土有责，寸土不让！

2. 热爱祖国壮美的自然风光

我心头充满戈壁的沉默，脸上有黄河波涛的颜色。泰山的石溜滴成我的忍耐，峥嵘的剑阁撑出我的胸怀。

——闻一多

如果说地理疆域构成了中国版图的基础骨架，那么壮美的自然风光就是她的鲜活血肉。长江、黄河，这两条母亲河蜿蜒曲折，滋养着大地，孕育了灿烂的中华文明。桂林漓江的山水甲天下，碧水绕山，奇峰倒映，仿佛人间仙境；张家界国家森林公园的石柱群拔地而起，云雾缭绕，如梦如幻；黄山的迎客松傲立风雪，迎接八方游客，成为中国坚韧不拔精神的象征。

杜甫写下“会当凌绝顶，一览众山小”，苏轼吟出“欲把西湖比西子，淡妆浓抹总相宜”，这些诗句表达了古人对锦绣中华、壮丽山河的赞美。这不仅是审美情趣的体现，更深层地反映了一个民族对美好家园的深深热爱和眷恋。

拓展阅读

我的南方和北方（节选）

赵凌云

自从认识了那条奔腾不息的大江，我就认识了我的南方和北方。

在我的南方，越剧、黄梅戏好像水稻和甘蔗一样生长。

在我的北方，京剧、秦腔好像大豆和高粱一样茁壮。

太湖、西湖、鄱阳湖、洞庭湖倒映着我的南方的妩媚和秀丽。

黄河、渭河、漠河、塔里木河展现着我的北方的粗犷与壮美。

我曾经走过黄山、庐山、衡山、峨眉山、雁荡山，寻找着我的南方。

我的南方却在乌篷船、青石桥、油纸伞、鱼鳞瓦的深处隐藏。

在秦淮河的灯影里，我凝视着我的南方。

在寒山寺的钟声里，我倾听着我的南方。

在富春江的柔波里，我拥抱着我的南方。

我的南方啊！草长莺飞，小桥流水，杏花春雨。

我曾经走过天山、昆仑山、长白山、祁连山、喜马拉雅山，寻找着我的北方。

我的北方却在黄土窑、窗花纸、热土炕、蒙古包中隐藏。

在雁门关、山海关、嘉峪关，我与我的北方相对无言。

在大平原、大草原、戈壁滩，我与我的北方倾心交谈。

在骆驼和牦牛的背景里，我陪伴着我的北方走向遥远的地平线。

我的北方啊！大漠孤烟，长河落日，唢呐万里。

从古到今，那条奔腾不息的大江就像一根琴弦，弹奏着几多兴亡，几多沧桑。

在东南风的琴音中，我的南方雨打芭蕉，荷香轻飘，婉约而又缠绵。

在西北风的琴音中，我的北方雪飘荒原，腰鼓震天，凝重而又旷远。

啊，我的南方和北方，我的永远的故乡和天堂！

诗中大自然的鬼斧神工，中华民族生生不息、绵延不绝所创造的壮美风光和文化遗产，不仅是我们的宝贵财富，也是世界人类文明的瑰宝。我国有许多自然和人文景观被联合国教科文组织列入了《世界遗产名录》。截至 2024 年 7 月，中国世界遗产总数已经达到了 59 项，位居世界前列。其中，世界文化遗产 40 项，世界自然遗产 15 项，世界文化与自然双遗产 4 项。

黄龙风景名胜区

3. 爱护祖国的生态环境

生态兴则文明兴，生态衰则文明衰。

——习近平

随着工业化进程的加快，全球很多地方因为不合理开发自然资源，导致了雾霾、酸雨、土地沙漠化等一系列生态环境危机。这些问题直接关系到人类的生存。健康的生态环境是人类社会繁荣发展的基础，它不仅能防治许多由环境引发的疾病，还能为各个产业提供必要的资源。如今，生态环境保护的重要性日益凸显，已经成为全世界关注的重要议题。

中国古代的先哲们，早在千百年前就展现出了卓越的生态智慧。例如，战国时期的《孟子·梁惠王下》里就有这样一句话："斧斤以时入山林，材木不可胜用也。"意思是说，遵循保护山林资源的原则，木材便会丰足。这句话不仅表达了古人对自然环境的敬畏与爱护，也体现了中华传统文化中"天人合一"的思想。对祖国山河的热爱，激励着我们呵护祖国的生态，也激励着我们共同建设一个更加绿色、更加美丽的家园。

案例分析

荒原变林海
——塞罕坝林场的传奇

塞罕坝位于河北省北部，紧邻内蒙古自治区。"塞罕"在蒙古语中是"美丽"的意思。然而，这里曾是茫茫荒原，风沙肆虐，严重威胁到了华北地区的生态安全。

1962 年，塞罕坝机械林场成立，全国各地的 300 多名林业工人和科研人员来到这片几乎寸草不生的土地，开始了艰苦卓绝的植树造林工作。建场初期，塞罕坝气候恶劣、沙化严重、缺食少房、偏远闭塞。最冷的时候，气温能降到 −43.3 ℃。当年，有一位叫陈彦娴的高中生，她和 5 名女同学一起，毅然来到了坝上。如今，陈彦娴已经满头银发，她回忆说："那时，我们喝的是雪水、雨水，吃的是黑莜面窝头、土豆和咸菜。"

由于缺乏在高寒地区造林的经验，最初两年塞罕坝造林的成活率不到 8%。为了重振信心，林场第一任党委书记王尚海带领职工开展了“马蹄坑大会战”，连续多日吃住都在山上。艰苦付出终换来回报：栽植的落叶松 516 亩，成活率达 90% 以上。王尚海 1989 年去世后，家人遵从遗愿，把他的骨灰撒在了塞罕坝。伴他长眠的松林如今叫“尚海纪念林”，成为塞罕坝百万亩林海的起源地。

经过半个世纪的努力，人们在这片曾经“黄沙遮天日，飞鸟无栖树”的高寒干旱的高岭上，建起百万亩人工林海，创造了世界生态文明建设史上的奇迹。塞罕坝林木覆盖率从 12% 提高到 80%，单位面积林木蓄积量达到世界森林平均水平的 1.23 倍。以现有的林木蓄积量，塞罕坝每年释放的氧气可供近 200 万人呼吸一年；栽种的树木按一米株距排开，可以绕地球赤道 12 圈。

在塞罕坝有句老话：“献了青春献终生，献了终生献子孙。”现在林场员工里，名字带着“林”“树”“松”“山”的特别多：李振山、于瑞林、翁玉山、李树……他们中的很多人，都是林场的第二代、第三代，跟随父辈们来到塞罕坝，在这里长大、造林，有的人甚至把已经在大城市创业的孩子又叫回来。“天当床，地当房，草滩窝子做工房。”一代代塞罕坝人薪火相传，用 60 多年的接力传承，以青春、汗水甚至血肉之躯，筑起了一道壮观的“绿色长城”。

思考：国家为什么要在塞罕坝这片荒漠沙地上坚持植树造林，这样一个“荒原变林海”的奇迹是怎样得以实现的？

塞罕坝林场的故事，不仅是一个地区的传奇，更是中国坚持绿色发展战略，践行“绿水青山就是金山银山”理念的生动写照。正如习近平总书记所强调的，我们要“像对待生命一样对待生态环境”。只有每个人都将这份绿色理念内化于心、外化于行，既“爱我河山”，更“护我河山”，才能真正实现可持续发展的目标，让我们的家园更加宜居、更加美好。

二、热爱祖国的灿烂文化

在五千多年的文明发展历程中，中华民族孕育了优秀的传统文化。在党和人民的伟大斗争中，我们又形成了革命文化和社会主义先进文化。这些文化积淀着中华民族最深层的精神追求。中华优秀传统文化、革命文化和社会主义先进文化，这三类文化连接着我们的过去、现在和未来，是中华民族共同创造的精神财富，也是中华民族屹立于世界民族之林的强大力量。热爱祖国，就要热爱我们灿烂的文化，热爱中华优秀传统文化、革命文化和社会主义先进文化。

1. 热爱中华优秀传统文化

中华风度令人迷醉，是我们眷恋的精神家园。

——王蒙

中华民族在五千多年的文明史诗中，创造了辉煌灿烂、浩如烟海的文化成果。这些成果既有诗词歌赋、书法绘画、音乐舞蹈等艺术形式，也有建筑园林、医疗草药、烹饪饮食、衣冠服饰等物质文化。同时，其中还贯穿着中华民族独特的思想理念、传统美德和人文精神。例如，天下为公、天下大同的社会理想，民为邦本、为政以德的治理理念，富民厚生、义利兼顾的经济观念，实事求是、知行合一的哲学思想，还有讲信修睦、亲仁善邻的交往原则等。这些文化成果和思想理念以其独特的魅力，滋养着中国人的心灵，也塑造着中国人的生活方式。

中华优秀传统文化是我们民族的根和魂，它承载着五千多年的悠久历史，塑造了中华民族独特的思维方式、审美情趣和价值观念。

案例分析

叶嘉莹：中国古典诗词的“传灯者”

叶嘉莹，1924年出生于北京，毕业于北京辅仁大学，南开大学中华诗教与古典文化研究所所长、中央文史研究馆馆员、加拿大皇家学会院士。她专攻中国古典文学研究方向，致力于古诗词的教学与研究，发表了大量学术论文并出版数十种书籍，对中国古典文学尤其是诗词的研究作出了杰出贡献。她在加拿大不列颠哥伦比亚大学、美国哈佛大学等地任教多年，积极推动中华诗词走向世界，让更多的国际友人了解和欣赏中国传统文化的魅力。

20世纪70年代，已是多所名牌大学教授的叶嘉莹，从报纸上得知国内学校教师资源紧缺的消息，即刻给国家教委写了一封申请信，表示自己不要任何报酬，只希望能回国教书。谈起这个惊人的决定，叶嘉莹回忆道：“我当时远在温哥华，离开祖国多年了，而且距离空间这样的遥远。‘漫向天涯悲老大’，我突然在遥远的天涯，悲哀地感叹我已经衰老了，‘余生何地惜余阴’，那剩余的生命，我应该到哪个地方？我说我要回国来，终老在南开。”

从2018年到2019年，叶嘉莹陆续将自己的积蓄和变卖房产的收入，累计3 568万元全部捐赠，设立“迦陵基金”，用于支持古典文化研究，这也是叶嘉莹毕生的志向。她用一生培养了大批中国传统文化和古典文学人才，让更多人感受到了中华优秀传统文化之美。

思考：叶嘉莹为何将研究中国古典诗词作为毕生之志？传播中华优秀传统文化有着怎样的意义？

中华优秀传统文化是中华民族在历史长河中淘洗出来的精粹，它是中国古代文化的精华。因此，热爱、学习、传播中华优秀传统文化，并不意味着我们要不加选择地全盘接受中国古代文化，而是取其精华、去其糟粕，这样我们的中华传统文化才能焕发出更加耀眼的时代光芒。

2. 热爱革命文化

> 红色是中国共产党、中华人民共和国最鲜亮的底色。
>
> ——习近平

革命文化，是中国共产党领导中国人民，在新民主主义革命时期的奋斗历程中形成的革命精神和传统。在革命的实践中，孕育了艰苦奋斗、前赴后继、不怕牺牲、自力更生、团结一心等一系列高尚品质和精神，如井冈山精神、长征精神、西柏坡精神等。

革命文化展现了中国人民顽强不屈、坚韧不拔的民族气节和英雄气概。它是中华民族革命斗争历史的高度概括，也是革命年代中国精神的重要体现。

拓展阅读

毛泽东诗词中的革命精神

唤起工农千百万，同心干，不周山下红旗乱。

——《渔家傲·反第一次大“围剿”》

雄关漫道真如铁，而今迈步从头越。——《忆秦娥·娄山关》

五岭逶迤腾细浪，乌蒙磅礴走泥丸。——《七律·长征》

今日长缨在手，何时缚住苍龙？——《清平乐·六盘山》

遍地哀鸿满城血，无非一念救苍生。——《七律·忆重庆谈判》

天若有情天亦老，人间正道是沧桑。

——《七律·人民解放军占领南京》

寂寞嫦娥舒广袖，万里长空且为忠魂舞。——《蝶恋花·答李淑一》

为有牺牲多壮志，敢教日月换新天。——《七律·到韶山》

你们的故事，我们聆听着、讲述着；你们的事业，我们继承着、开创着。不革命，就没有中华民族的独立，就没有中国人民的解放。在新的历史条件下，热爱革命文化，就要自觉传承红色基因，赓续红色血脉。这不仅是回顾过去的故事，缅怀光荣的历史，更是要从中汲取力量，把革命精神、品格、智慧转化为我们参与社会主义建设的动力。

3. 热爱社会主义先进文化

一个民族的文明进步，一个国家的发展壮大，需要一代又一代人接力努力，需要很多力量来推动，核心价值观是其中最持久最深沉的力量。

——习近平

社会主义先进文化，是以马克思主义为指导，在新民主主义文化基础上建立，植根于中华优秀传统文化，立足于中国实际，吸收人类文化有益成果，通过不断的改革创新，形成的具有中华民族特性的先进文化。它在新的社会实践条件下形成，是面向现代化、面向世界、面向未来，反映社会主义本质要求、代表广大人民群众利益的新文化。

社会主义先进文化的精髓是社会主义核心价值观。2012 年 11 月，党的十八大报告中提出了“三个倡导”：“倡导富强、民主、文明、和谐，倡导自由、平等、公正、法治，倡导爱国、敬业、诚信、友善”，这 24 字是对社会主义核心价值观的高度概括。2017 年 10 月，习近平总书记在党的十九大报告中又强调，要“培育和践行社会主义核心价值观。社会主义核心价值观是当代中国精神的集中体现，凝结着全体人民共同的价值追求”。

拓展阅读

党的二十大报告中关于社会主义核心价值观的新论述

我们要坚持马克思主义在意识形态领域指导地位的根本制度，坚持为人民服务、为社会主义服务，坚持百花齐放、百家争鸣，坚持创造性转化、创新性发展，以社会主义核心价值观为引领，发展社会主义先进文化，弘扬革命文化，传承中华优秀传统文化，满足人民日益增长的精神文化需求，巩固全党全国各族人民团结奋斗的共同思想基础，不断提升国家文化软实力和中华文化影响力。

社会主义核心价值观是凝聚人心、汇聚民力的强大力量。弘扬以伟大建党精神为源头的中国共产党人精神谱系，用好红色资源，深入开展社会主义核心价值观宣传教育，深化爱国主义、集体主义、社会主义教育，着力培养担当民族复兴大任的时代新人。推动理想信念教育常态化制度化，持续抓好党史、新中国史、改革开放史、社会主义发展史宣传教育，引导人民知史爱党、知史爱国，不断坚定中国特色社会主义共同理想。用社会主义核心价值观铸魂育人，完善思想政治工作体系，推进大中小学思想政治教育一体化建设。坚持依法治国和以德治国相结合，把社会主义核心价值观融入法治建设、融入社会发展、融入日常生活。

新时代的到来呼唤着新的文化形态，社会主义先进文化正是我们新时代的文化代表。它是中华文化在当代中国的新发展，既汲取了中华优秀传统文化的精髓，又融合了革命文化的宝贵精神。这种新文化展现了社会发展的新方向和最新成果，是我们走向现代化不可缺少的精神支撑。

第 2 节
砥砺高远的强国志

高远的强国志，就是要树立远大的理想和抱负，致力于国家的强大与发展。这不仅是我们个人成长的内在需求，也是时代赋予每个公民的责任和使命。在全球化的今天，国际竞争日益激烈，科技创新、经济实力、国防安全等各个方面都离不开一个强大的国家作为后盾。而这条强国之路，需要我们每一个中国人去拼搏、去奋斗。

一、心怀复兴之梦

爱国，在不同的时代和不同的环境下，表现也会不一样。现在，实现中华民族伟大复兴的中国梦，就是我们爱国主义的鲜明主题。一个真正爱国的人，心中应当始终装着这个高远而伟大的梦想。

1. 中国梦是每个中国人的梦

这个梦想，凝聚了几代中国人的夙愿，体现了中华民族和中国人民的整体利益，是每一个中华儿女的共同期盼。

——习近平

党的十八大前夕，“中国梦”成为海内外舆论关注的热点话题。2012 年 11 月，党的十八大闭幕后不久，习近平总书记来到中国国家博物馆，参观了《复兴之路》基本陈列，并作出了重要讲话。他深情地说：“实现中华民族伟大复兴，就是中华民族近代以来最伟大的梦想。”这句话鲜明地阐述了“中国梦”的含义，也向全国和世界发出了响亮的声音。

中华民族伟大复兴的中国梦一经提出，就释放出了强大的号召力和感染力。老百姓热议中国梦，社会舆论聚焦中国梦，海外华人诉说中国梦，国际社会关注中国梦。中国梦成为回荡在神州大地上的高昂旋律，成为鼓舞各族人民团结奋进的鲜明旗帜，成为指引中华儿女爱国报国的精神灯塔。

“中国梦归根到底是人民的梦，必须紧紧依靠人民来实现，必须不断为人民造福。”国家富强、民族复兴，最终要体现在千千万万个家庭都幸福美满上。为百姓谋福祉，让人人都出彩，是跨越百年的初心传承，也是筑梦圆梦的不竭动力。

案例分析

河北阜平农民：中国梦是我们的幸福梦

2012 年 12 月底，新任中共中央总书记一个多月的习近平同志，冒着严寒，踏着皑皑白雪，来到河北阜平，先后走进骆驼湾村、顾家台村考察。一张广为人知的照片记录下温馨一幕：在骆驼湾村唐荣斌家的土炕上，总书记盘腿而坐，和唐荣斌老两口拉家常，详细询问生活情况，老两口 4 岁的孙子唐孝亿把两脚抵在火盆边。

彼时，现行标准下的中国农村贫困人口仍有近 1 亿人，大多数分布在革命老区、少数民族地区、边疆地区。“只要有信心，黄土变成金。”总书记在河北阜平勉励乡亲们，也激励了全国人民对打赢脱贫攻坚战、全面建成小康社会的决心和信心。

截至 2020 年年底，全国累计派出 25.5 万个驻村工作队、300 多万名驻村第一书记和驻村干部，“点对点”帮助贫困农民。一件事情接着一件事情办，一年接着一年干，“不让一个困难群众掉队”。

念念不忘，必有回响。到 2022 年，河北阜平农村居民人均纯收入已是 2012 年的 3.7 倍。骆驼湾村、顾家台村收入分别增长了 17.4 倍、18.5 倍，人民生活发生了翻天覆地的变化。

唐荣斌一家搬进了新居。他的妻子顾宝青常把两张照片拿给大伙儿瞧：一张是破旧低矮的老土屋；另一张是自己和孩子们站在新房前，笑得格外灿烂。两张照片折射出的生活巨变，正是中国脱贫奇迹的缩影。在实现中国梦的伟大进程中，全面建成小康社会迈出了“关键一步”。

“生活已经好了，提前圆梦了”“做梦都没想到过上这样的好日子”……无数人的命运因此而改变，无数人的梦想因此而实现，无数人的幸福因此而成就。

千千万万个圆梦图景，铺展在神州大地。“中国梦是中华民族的梦，也是每个中国人的梦。”

思考：中国梦的核心概念是“中华民族的伟大复兴”，它与每个中国人的幸福梦有着怎样的联系？

中国梦的本质是国家富强、民族振兴、人民幸福。国家富强，就是要全面建成小康社会，并在此基础上建设富强、民主、文明、和谐、美丽的社会主义现代化强国；民族振兴，就是要使中华民族更加坚强有力地屹立于世界民族之林，为人类作出新的更大的贡献。人民幸福，就是要坚持以人民为中心，增进人民福祉，促进人的全面发展，朝着共同富裕方向稳步前进。

国家富强、民族振兴与每个人的前途命运息息相关，国家好、民族好，大家才会好。所以，中国梦归根结底是全体中国人共同的梦想。它凝结着几代中国人的夙愿，一百多年的中国近代史就是中国人民寻梦、追梦、圆梦的历史旅程。

2. 以中国式现代化推进强国建设

> 中国是一个有着 13 亿人口的巨大国家，文化和历史都与西方不同，中国有自己的方式。
>
> ——李光耀

现代化是指社会从传统走向现代的过程，是一种以先进技术为支撑、以人文思想为导向的新型社会发展模式。自 18 世纪工业革命起，西方国家经历了一系列社会经济变革。这些变革以科学技术进步、工业化、城镇化、民主制度建立和市场经济形成为特点，但同时也带来了霸权主义思维、发展不平衡等问题。

从历史的角度来看，中国的现代化之路是在近代西方列强坚船利炮的侵略下被迫开启的，之后历经了诸多艰难曲折的探索过程。但我们深信，现代化并非只有一条路可走，更不意味着我们要照搬他国的现代化模式。

习近平总书记在庆祝中国共产党成立 100 周年大会上的讲话中指出，我们“创造了中国式现代化新道路”。党的二十大报告对中国式现代化进行了全面而系统的阐释：“中国式现代化，是中国共产党领导的社会主义现代化，既有各国现代化的共同特征，更有基于自己国情的中国特色。”中国式现代化这条新道路，是基于中国特色社会主义而形成的，它与西方现代化具有本质区别，为发展中国家走向现代化提供了新的选择，创造了人类文明新形态。

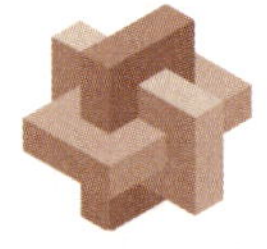

案例分析

中国式现代化
——中华文明新篇章，人类文明新希望

改革开放 40 多年来，中国共产党始终把发展作为党执政兴国的第一要务，创造了经济快速发展和社会长期稳定的两大奇迹。我国用了几十年的时间走完了发达国家几百年走过的历程。中国科技发展正在从“跟跑”进入“跟跑、并跑和领跑并存”的时代。西方发达国家经历了工业

化、城镇化、农业现代化、信息化“串联式”发展过程，中国式现代化则开创了新型工业化、信息化、城镇化、农业现代化“同步发展、并联发展、叠加发展”的新发展方式。

世界因此看到了“更加清晰、更加科学、更加可感可行”的中国式现代化，也读懂了“中国式现代化赋予中华文明以现代力量”的内涵。我们以人口规模巨大的现代化，礼赞“天地之大，黎元为先”的深厚德行；以全体人民共同富裕的现代化，承续“不患寡而患不均，不患贫而患不安”的治国理念；以物质文明和精神文明相协调的现代化，彰显“仓廪实而知礼节，衣食足而知荣辱”的理想追求；以人与自然和谐共生的现代化，弘扬“万物并育而不相害”的古老智慧；以走和平发展道路的现代化，传递“天下大同”“协和万邦”的和平愿景。

从“现代化的迟到国”到“世界现代化的增长极”，我们过去走的是别人没有走过的路，我们现在做的仍将是前人没有做过的事。亿万中国人民投身中国式现代化的伟大实践，新时代以来“东升西降”“中治西乱”的鲜明对比，雄辩地宣示：文明的薪火，接续传承；复兴的道路，矢志不渝！

思考：结合材料，用自己的话谈一谈中国式现代化的本质是什么？体现在哪些方面？

以中国式现代化全面推进强国建设、民族复兴伟业，是新时代新征程党和国家的中心任务，是新时代最大的政治。我们的事业前途光明，任重道远。前进道路上，我们必须牢牢把握坚持和加强党的全面领导、坚持中国特色社会主义道路、坚持以人民为中心的发展思想、坚持深化改革开放、坚持发扬斗争精神等重大原则。

二、肩负青年使命

中华民族始终有着“自古英雄出少年”的传统，始终有着“长江后浪推前浪”的情怀。每一代青年都有自己的历史际遇和时代使命。在当今这个风云激荡的世界里，中国青年站在了新的历史起点上。我们生于盛世，成长于变局。我们既是追梦人，也是圆梦者。青年学子们肩头所扛的，不仅是个人的梦想，更是国家的未来、民族的希望。

1. 青年是民族复兴的先锋力量

> 少年智则国智，少年富则国富；少年强则国强，少年独立则国独立。
>
> ——梁启超

20世纪初的中国，风雨如晦，危在旦夕。一群爱国青年挺身而出，从校园走到街头，高呼“外争主权，内除国贼”。他们用实际行动反对帝国主义和封建主义的压迫，发起了轰轰烈烈的五四运动。在运动中，青年学生展现出了强大的组织能力、行动力和社会责任感。五四运动在中华民族追求民族独立和发展进步的历史进程中，具有里程碑式的意义。

过去的一百多年里，中国青年怀抱对祖国与人民的深切热爱，矢志不渝地投身于党引领的革命征程、国家建设以及改革开放的伟大事业之中。在战场上，他们勇往直前，保家卫国，挥洒热血；在和平年代，他们是建设的先锋，无论是科技创新的前沿还是社会服务的一线，都能看到他们奋斗的身影。为了人民的幸福和国家的富强，他们将自己的青春倾注于每一寸土地，每一个岗位。

习近平总书记深刻地总结了五四运动以来的百年青年运动史。“五四运动以来的100年，是中国青年一代又一代接续奋斗、凯歌前行的100年，是中国青年用青春之我创造青春之中国、青春之民族的100年。”

拓展阅读

自古英雄出少年

在漫漫历史长河中，人类社会青年英雄辈出，中华民族青年英雄辈出。《共产党宣言》发表时马克思是30岁，恩格斯是28岁。列宁最初参加革命活动时只有17岁。牛顿和莱布尼茨发现微积分时分别是22岁和28岁，达尔文开始环球航行时是22岁，爱因斯坦提出狭义相对论时是26岁。贾谊写出“西汉一代最好的政论”时不到30岁，王勃写下千古名篇《滕王阁序》时才20多岁。在我们党领导人民进行革命、建设、改革的伟大历史进程中更是青年英雄辈出。中共一大召开时毛泽东是 28 岁，周恩来参加中国共产党时是 23 岁，邓小平参加旅欧中国少年共产党时是 18 岁。杨靖宇牺牲时是 35 岁，赵一曼牺牲时是 31 岁，江姐牺牲时是 29 岁，红三十四师师长陈树湘牺牲时是 29 岁，邱少云牺牲时是 26 岁，雷锋牺牲时是 22 岁，黄继光牺牲时是 21 岁，刘胡兰牺牲时只有 15 岁。守岛 32 年的王继才第一次登上开山岛时是 26 岁，航天报国的嫦娥团队、神舟团队平均年龄是 33 岁，北斗团队平均年龄是 35 岁。这样的青年英杰数不胜数！让青春成为中华民族生气勃发、高歌猛进的持久风景，让青年英雄成为驱动中华民族加速迈向伟大复兴的蓬勃力量！

“青春须早为，岂能长少年。”在乡村振兴、科技创新、文明建设、生态保护等现代社会各个领域，中国青年依然在自己的岗位上努力奋斗，谱写着新时代的青春赞歌。实践充分证明，中国青年是有着远大理想抱负和伟大创造力的青年，是实现中华民族伟大复兴的先锋力量！

2. 做新时代的中国好青年

新时代的中国青年，生逢其时、重任在肩，施展才干的舞台无比广阔，实现梦想的前景无比光明。

——习近平

当今时代，知识更新速度越来越快，社会分工也越来越细，新技术、新业态不断出现。产业结构在优化升级，数字经济、绿色能源、生物科技等新兴产业正蓬勃发展，这为青年人提供了丰富的职业选择和发展机会。同时，中国教育体系不断完善，更多青年有机会接受高质量教育，学到专业知识和技能，不断提升自我。

新时代需要新青年。这既为青年施展才华、竞展风采提供了广阔舞台，也对青年能力素质提出了新的更高要求。因此，新时代青年要牢记习近平总书记的话：“珍惜这个时代、担负时代使命，在担当中历练，在尽责中成长，让青春在新时代改革开放的广阔天地中绽放，让人生在实现中国梦的奋进追逐中展现出勇敢奔跑的英姿。”

案例分析

黄文秀：绽放在扶贫路上的青春之花

黄文秀出生于 1989 年，北京师范大学法学硕士。毕业后，本可以在大城市找到一份稳定舒适的工作，但她却毅然决然地选择回到家乡，投身到脱贫攻坚的第一线。在广西百色的百坭村，她带着改变家乡贫困面貌的决心，主动申请担任驻村第一书记，决心用自己的所学和青春热血，为乡亲们谋出路、求发展。

来到百坭村后，黄文秀迅速融入群众之中，走遍田间地头，深入了解每户贫困户的情况，制订精准帮扶计划。她积极推动基础设施建设，改善村民居住条件；引导村民种植砂糖橘、油茶等经济作物，发展特色产业，增加收入来源；组织技能培训，提升村民就业创业能力。通过一系列扎实有效的举措，百坭村的面貌发生了翻天覆地的变化，贫困发生率大幅下降，村民们的生活质量显著提高。

然而，就在扶贫工作取得阶段性成果之际，2019 年 6 月 17 日凌晨，黄文秀在返回工作岗位途中遭遇突发山洪，不幸遇难，年仅 30 岁。她的离世震惊了所有人，但她的精神却永远留在了百坭村，留在了每一个被

她关怀过的人心里。黄文秀用自己短暂的生命，诠释了一位青年共产党人的高尚情操。

黄文秀的故事感动了无数人，她被追授“全国脱贫攻坚模范”“时代楷模”“全国三八红旗手”等荣誉称号。黄文秀留给大家的，是那份对党忠诚、对人民热爱、对事业执着的精神遗产。她是新时代的英雄，用生命书写了最美的青春华章。

思考：马克思在《青年在选择职业时的考虑》中说道：“如果我们选择了最能为人类福利而劳动的职业，那么，重担就不能把我们压倒，因为这是为大家而献身。”结合黄文秀的事迹，谈谈你的认识。

未来属于青年，希望寄予青年。强国建设、民族复兴是一场接力赛，前辈们已为我们铺好了路，现在该轮到当代青年接棒前行了。无论是投身科技创新的浩瀚领域，还是奋战在基层服务的第一线，抑或是活跃在文化传承的广阔舞台，青年都应该坚守初心，坚定不移，以实际行动诠释“请党放心，强国有我”的铮铮誓言。

三、厚植家国情怀

我国自古以来就有着“家国一体”“家国同构”的传统理念，“修身齐家治国平天下”是无数仁人志士孜孜以求的最高理想。这种传统孕育出中国特有的家国情怀。家国情怀，就是个体对家国的情感眷恋和责任意识，是对家国一体的深刻感悟和积极践行。它积淀着中华民族最深沉的追求，彰显着中华民族的精神风貌。在新时代，我们要弘扬这种家国情怀，坚持爱家和爱国相统一。

1. 爱家是爱国的前提

我一生有两个母亲：一个是生我的那个母亲；一个是我的祖国母亲。我对这两个母亲怀着同样崇高的敬意和同样真挚的爱慕。

——季羡林

著名教育家蔡元培先生说过：“家庭者，人生最初之学校也。”马克思也认为，“家庭起初是唯一的社会关系”。家庭既是为个人提供物质与精神保障的避风港，也是社会的“细胞”和基本单元。虽然随着社会的变迁，现代中国的家庭模式与传统家庭相比发生了许多变化，但家庭的社会功能和文明作用并没有发生根本改变。家庭依然是家国情怀在我们心中“生根发芽”的地方。

家是最小国，国是千万家。家与国密不可分，只有家好了国才好。正如习近平总书记说的那样：“我们要认识到，千家万户都好，国家才能好，民族才能好。国家富强，民族复兴，人民幸福，最终要体现在千千万万个家庭都幸福美满上，体现在亿万人民生活不断改善上。”

案例分析

张莲莲：守望绿水青山，红色家风不绝

“吾兄想来工作甚好，惟我们这里仅有衣穿饭吃……我们的党专为国家民族劳苦民众做事，牺牲个人私利……”在陕西延安的红色家风馆，一块展板前，讲解员一字一句读出毛泽东写给表兄文运昌、婉拒对方希望到延安谋职的家书。

听到这里，前来学习的全国劳动模范、延安雷坪塔村村民张莲莲感慨万千。72 岁的老人，不禁回忆起父亲张静为她立下的家规。20 世纪 80 年代初，张静任原延安地区林业局副局长，亲友劝他为张莲莲安排工作，他严词拒绝，只留给女儿一句话：“上山造林吧，坚持下去，就一定能有好光景！”

听从父亲教诲，张莲莲扛起锄头，爬上荒山。没有树苗就自己掏钱买，没有水窖就肩挑石头自己砌，柔弱的双肩，时常被扁担磨得鲜血淋漓。每逢假期，父亲便从市区赶来，陪女儿一同种树。梁峁上、斜阳里，父亲的背影，带给张莲莲坚持的气力。

40 多年间，张莲莲用坏 100 多把锄头，穿坏 300 多双鞋，栽下 20 多万棵树，将荒山秃岭变成满山绿海。长期劳作令她的右膝盖骨因伤摘除，有时做一个简单的伸缩动作，都能听到人造膝盖嘎嘎作响。

张静逝去多年，这种家风仍在传承。结婚第二天，李红卫就被婆婆张莲莲拉着上山植树。2015 年起，李红卫和丈夫传承母业，在千亩林地里创办生态农场，发展林下养鸡，带动了当地 124 户贫困户脱贫致富。

2021 年 4 月，李红卫被授予全国五一劳动奖章。回到家中，她双手将奖章捧给张莲莲。两代劳模执手相看，满脸欣慰。绿水青山默默矗立，红色家风绵延不绝。

思考：习近平总书记强调要“注重家庭、注重家教、注重家风”，优良的家风对于家庭和国家有着怎样的意义？

为了更好地发挥家庭在强国建设中的作用，2022 年 1 月，我国正式实施《中华人民共和国家庭教育促进法》。这部法律明确倡导广大家庭要“树立维护国家统一的观念，铸牢中华民族共同体意识，培养家国情怀”。

家庭和睦，社会才能和谐。这样，既是为国家作出了贡献，也能更好地保障家庭的幸福美满。正如习近平总书记强调的：“国家好，民族好，家庭才能好。只有实现中华民族伟大复兴的中国梦，家庭梦才能梦想成真。”

2. 爱国是爱家的方向

活着，为的是替整体做点事，滴水是有沾润作用，但滴水必加入河海，才能成为波涛。

——谢觉哉

需要注意的是，对家庭的爱不能倒向极端个人主义。也就是说，我们不能凡事都以个体私利为先，更不能为了私利牺牲国家和社会的集体利益。如果每个人都只关注自己家庭的小天地，而不关心民族和国家的发展，那么必将导致社会凝聚力下降，出现“各人自扫门前雪，莫管他人瓦上霜”的局面，难以应对公共危机，最终受损的还是每个家庭和个人的利益。

在中国的传统文化中，个人、家庭、国家和“天下”，从来都不是对立的，它们像是一个个环环相扣的“同心圆”。例如，诗人杜甫写“烽火连三月，家书抵万金”，通过家书难得抒发了对国家的忧虑；明朝名臣于谦留下的名句“一寸丹心图报国，两行清泪为思亲”，充分展现了他思家忧国的复杂情感；明代思想家顾宪成的一副对联“风声雨声读书声声声入耳，家事国事天下事事事关心”，告诉大家既要关心家庭，又要心怀国家大事。所以，家国情怀正是一种由爱“家”到爱“国”的情感升华。

案例分析

冷少农："把我的孝移去孝顺大多数痛苦的人类"

冷少农（1900—1932），贵州瓮安人，中国共产党隐蔽战线的"红色特工"。青年时期，他目睹军阀混战下的民生凋敝，百姓流离失所。带着改变世道的决心，他毅然辞去了待遇优厚的工作，背井离乡，南下广东，考入了黄埔军校，与周恩来相识。从此，他在周恩来的直接领导下，秘密加入中国共产党，开启了革命生涯。

1927 年，大革命失败，中国共产党的工作被迫转入地下。冷少农隐匿真实身份，前往南京从事情报工作。他成功打入敌军高层，为党中央提供了大量宝贵情报，在前三次反"围剿"战斗中发挥了至关重要的作用。然而，这份重担让他不得不远离亲人，忍受孤独与误解。面对母亲在来信中"不忠不孝、忘恩负义"的责问，他只能委婉迂回地在家书中进行解释。

"我要这样干，非得把全身的力量贯注着，非得把生命贡献。我既把我的力量和生命都交给这一件事情，我怎么能够有工夫回家来，忍心丢着这样重大的事情，看着一般人受痛苦，而自己来独享安逸呢？……母亲，我真的是不忠不孝、忘恩负义吗？我是把我的孝移去孝顺大多数痛苦的人类，忠实地去为他们努力！"

1932 年，冷少农在传递情报时不幸暴露，后牺牲于南京雨花台。直到十几年后，冷少农的家人才得知他早已不在人世的消息。物是人非，沧海桑田，只有这封饱含深情、字字泣泪的家书，见证着这一份家国之情。

思考：冷少农由于坚守革命事业、为党传递情报，从离开家乡到牺牲前的整整 7 年都没有回家探望过家人，是不是只爱国不爱家的表现？结合冷少农家书的内容谈一谈你的感受。

孙中山曾感慨地说："革命先烈的行为没有别的长处，就是不要身家性命，一心一意为国来奋斗。"这并不是说革命先烈不爱家，而是他们在国家危难之际，选择了舍生取义，舍弃"小家"为了"大家"，用"小家"换取"大家"的幸福。

每个家庭都应该把爱家和爱国结合起来，把实现家庭梦融入实现民族梦想之中。这样，我们就能汇聚起中国 4 亿多家庭、14 亿多人民的智慧和热情，让我们的家更幸福、国更兴旺！

第3节
实践务实的报国行

习近平总书记强调："爱国，不能停留在口号上，而是要把自己的理想同祖国的前途、把自己的人生同民族的命运紧密联系在一起，扎根人民，奉献国家。"真正的爱国之情、强国之志，不仅仅体现在口头上，更应该落实在日常的点滴中，通过脚踏实地的努力，为国家的繁荣富强添砖加瓦。

一、爱国必须依法

将爱国的情感转化为实际行动，并不是随心所欲、想干什么就干什么。违反法律、危害国家和社会的行为不仅不是爱国，反而是"碍"国。因此，我们必须牢固树立法治意识，主动学习与爱国主义相关的法律法规，明白哪些事是必须做的，哪些事是坚决不能做的。

1. 理性合法地表达爱国情怀

> 爱之不以道，适所以害之也。
>
> ——司马光

随着国家综合实力的增强和精神文明建设的推进，我国公民对国家的归属感、认同感、自豪感日益增强，爱国已经成为全体中国人民自觉践行的公共美德。然而，众所周知，爱本身是美好的，但表达爱的方式却并不总是正确的。盲目的、不理性的爱，有时反而会带来相反的效果。当"爱"的对象是国家时，也是这样。

有些人喜欢买进口产品，有些人被其他国家和民族的文化所吸引，还有些人选择出国旅行、留学、经商……不管个人选择什么样的生活方式，都应该牢记爱国“三问”：“你是中国人吗？你爱中国吗？你希望中国好吗？”这“三问”是南开大学校长张伯苓 1935 年 9 月在开学典礼上提出来的。这三个问题是历史之问，更是时代之问、未来之问。“三问”，一问民族血脉，二问家国情怀，三问责任担当。只要有了这样的自觉意识，为国家富强、人民幸福贡献力量的方式就有很多种，没有固定的模式，也不可能一模一样。

所以，我们要理性、合法地爱国，尊重别人合法的选择，不能强迫别人按照自己的标准和方式行事，更不能借“爱国”的名义伤害他人。如果不尊重别人、不遵守法律，动辄指责、羞辱甚至谩骂、殴打自己的同胞，那就不是真正的爱国，反而会破坏公共秩序和社会风尚。因此，我们必须学会理性地爱国。

拓展阅读

理性爱国的几点常见注意事项

抵制暴力行为：在遇到涉及国家利益的争议时，要采取合法行为维护国家的权益，暴力行为不可取，如破坏公私财物、袭击他人等，这些都是违反法律的极端行为，不仅无法解决问题，反而损害国家的形象。

尊重他国人民：在表达爱国情怀时，要尊重其他国家的人民，避免发表仇恨言论或做出歧视行为，这种做法侵犯了他人的基本权利，甚至会影响我国开放包容的声誉。

避免盲目排外：以开放、包容的心态看待外来文化和产品，做到取其精华、去其糟粕。狭隘心态不仅会限制文化的多样性和市场的开放性，也不利于国际交流与合作。

学会辩证思考：理性看待本国的进步与不足，增强辨别真伪的能力，避免被虚假信息所蒙蔽，保持冷静头脑，基于事实作出判断。

爱国从来不是表演、盲从，也不是自我感动，而是每个人心底里真实流露的深情。一个人即使很少表白，但只要他用实际行动为人民谋福利、为国家作贡献，那他就是爱国的。

随着中国日益走近世界舞台中央，中国自信自立、胸怀天下、开放包容的大国形象在世界上树立起来。我们要主动维护国家形象，展现作为一个文明大国、负责任大国国民应有的风采。我们要站稳理性的立场，保持平和的态度，做事合情又合理，让爱国主义的主旋律唱得更加响亮。

2. 遵守爱国主义法律法规

法治兴则国兴，法治强则国强。

——习近平

《中华人民共和国宪法》规定，中华人民共和国公民有维护祖国的安全、荣誉和利益的义务，不得有危害祖国的安全、荣誉和利益的行为。《中华人民共和国刑法》规定，“勾结外国，危害中华人民共和国的主权、领土完整和安全的，处无期徒刑或者十年以上有期徒刑”。《中华人民共和国刑法修正案（十一）》专门对侮辱英雄烈士的行为作出了规定。

为了更好地维护国家的荣誉、尊严和利益，让大家都能履行爱国的义务，从20世纪90年代开始，全国人民代表大会常务委员会制定了一系列关于爱国主义的法律法规。这些法律法规在国家象征、英雄烈士保护、国家安全等方面都作了规定，清楚地告诉我们哪些行为是爱国的，哪些行为是损害国家利益要承担法律责任的。

拓展阅读

与爱国主义相关的法律及其内容节选

法律	施行时间	内容节选
《中华人民共和国国旗法》	1990年10月1日	不得升挂或者使用破损、污损、褪色或者不合规格的国旗，不得倒挂、倒插或者以其他有损国旗尊严的方式升挂、使用国旗。不得随意丢弃国旗

续表

法律	施行时间	内容节选
《中华人民共和国国徽法》	1991 年 10 月 1 日	在公众场合故意以焚烧、毁损、涂划、玷污、践踏等方式侮辱中华人民共和国国徽的，依法追究刑事责任
《反分裂国家法》	2005 年 3 月 14 日	完成统一祖国的大业是包括台湾同胞在内的全中国人民的神圣职责。坚持一个中国原则，是实现祖国和平统一的基础
《中华人民共和国国家安全法》	2015 年 7 月 1 日	保守所知悉的国家秘密。任何个人和组织不得有危害国家安全的行为，不得向危害国家安全的个人或者组织提供任何资助或者协助
《中华人民共和国英雄烈士保护法》	2018 年 5 月 1 日	以侮辱、诽谤或者其他方式侵害英雄烈士的姓名、肖像、名誉、荣誉，损害社会公共利益的，依法承担民事责任；构成违反治安管理行为的，由公安机关依法给予治安管理处罚；构成犯罪的，依法追究刑事责任

《中华人民共和国英雄烈士保护法》施行以来，已经针对多起在公共场所或网络空间恶意侮辱、诋毁英烈的行为作出了制裁，当事人均受到了法律的惩罚。该法通过明确规定此类行为的法律责任，有效遏制了亵渎英烈名誉的行为，净化了社会风气。

一个公民，无论什么时候，在什么情况下，都不能做出逾越法律规定的行为。这要求我们牢固树立法律意识，身体力行地遵守法律法规，认真落实法律规定的义务，自觉抵制违法行为。

二、走技能报国之路

站在新的历史起点上，科技日新月异，智能驱动未来。走技能报国之路，不仅是对传统匠人精神的传承，更是响应时代召唤，投身国家高质量发展战略的高远理想。“技行天下，能创未来。”在时代的洪流中，我们要勇立潮头，用知识和技能书写人生的精彩篇章。

1. 追求技能成才

我们为祖国服务，也不能都采用同一方式，每个人应该按照资禀，各尽所能。

——歌德

报效祖国，方式多种多样。对于技工院校的同学们来说，掌握一门技能，成为本领域中的技能型人才，就是很实际的报国方式。在这条道路上，每一位追梦者都是独一无二的。他们可能来自不同的行业，有的服务科研前沿，有的深耕产业一线，但他们的目标都一样，那就是用卓越的技术，助力中国制造迈向中国创造，让世界见证中国速度和中国质量。

案例分析

韩利萍：技能实现航天梦

1991 年，韩利萍成了一名铣工。由于进厂前没经过专业、系统的职业技能学习，在最初工作的日子里，她连图纸都看不懂。1999 年，工厂数控加工刚刚起步，韩利萍作为首批操作工，开始了边学、边干、边摸索的数控加工之路。她白天抱着机床操作说明书勤学苦练，夜晚自学数控专业理论知识。之后几年，她积极参加各种先进数控技术培训，逐渐成长为精通工艺、编程和操作的复合型高技能人才，成为数控加工领域的行家里手。

2016 年 6 月 25 日，我国新一代运载火箭长征七号首飞成功。其中七号火箭的发射平台是火箭发射支持系统最重要的组成部分，而韩利萍恰恰就是这部分的一名制造者。

“遵顺序、听声音、看铁屑、勤测量、凭手感”是韩利萍多年操作经验的积累，也是确保零件一次交验合格率 100% 的“绝活儿”。在声音嘈杂的车间里，通过细听机床转动、刀具切削和加工振动的声音，观察铁屑颜色、形状变化，工件表面光亮痕迹，韩利萍就能准确判断出刀具的磨损程度和切削状态是否正常，提前发现异常情况，避免刀具损伤和零件变形等问题发生，从而保证产品质量稳定可靠。

就是这样，凭借练就的“绝活儿”，韩利萍先后圆满完成多项重大航天产品地面发射设备的生产制造，组织技术创新和工艺改进 60 余项，获得国家实用新型专利 3 项，为火箭发射设备相关产品成功交付奠定了坚实基础。

思考：一名普通工人，靠着自主学习和实践摸索成长为航天事业的“大国工匠”，韩利萍的人生经历给你带来了怎样的启发？

人人皆可成才，人人尽展其才。这个迸发无限生机的新时代，为技工学子施展才华、书写“技能照亮前程”的精彩人生构筑了宏大舞台，每一份贡献，都将汇聚成磅礴之力，为中国乃至全球的发展注入强劲动能。

2. 争当大国工匠

加快构建现代职业教育体系，培养更多高素质技术技能人才、能工巧匠、大国工匠。

——习近平

2024 年 3 月，习近平总书记参加十四届全国人大二次会议江苏代表团审议，同来自中车南京浦镇车辆有限公司的巾帼电焊工孙景南代表亲切交流。发言中，孙景南谈到自己对大国工匠的理解。习近平总书记点头赞许并指出：“大国工匠是我们中华民族大厦的基石、栋梁。”

步入新时代，大国工匠们依然奋斗在强国一线。从铸就“中国高铁”这一闪亮名片，到摘取造船业“三大明珠”，再到让国产大飞机一飞冲天……一个个大国重器、一项项超级工程，背后都离不开大国工匠执着专注、精益求精的实干，刻印着大国工匠一丝不苟、追求卓越的身影。

案例分析

李万君：“高铁焊接大师”

李万君，中车长春轨道客车股份有限公司电焊工。他是“中国第一代高铁工人”中的杰出代表，是高铁战线的“杰出工匠”，被誉为“工人院士”“高铁焊接大师”。

凭借一股不服输的钻劲儿、韧劲儿，他积极参与填补国内空白的几十种高速车、铁路客车、城铁车转向架焊接规范及操作方法编制工作，先后进行技术攻关百余项。其中，“氩弧半自动管管焊操作法”填补了我国氩弧焊焊接转向架环口的空白。他一次又一次地试验，取得了一批重要的核心试制数据，专家组以这些数据为重要参考编制了《超高速转向架焊接规范》。

如今，中车长春轨道客车股份有限公司的转向架年产量超过万个，比庞巴迪、西门子和阿尔斯通等世界三大轨道车辆制造巨头的总和还多。他研究探索出的“转向架环口焊接七步操作法”成了公司技术标准。

依托“李万君大师工作室”，他先后为公司培训焊工2万多人次，培养带动出一批技能精湛、职业操守优良的技能人才，为打造“大国工匠”储备了坚实的新生力量。

思考：结合李万君的事迹思考，你认为大国工匠对国家有着怎样的意义？

强国建设，匠心铸就。中国制造需要大量专业技能人才，需要一大批大国工匠。培养更多高素质技术技能人才、能工巧匠、大国工匠，既是现实所需，也是国家长远发展之大计。

回首往昔，一位位默默耕耘的大国工匠，书写了一个又一个感人至深的故事。在这条道路上，没有捷径可走，只有持续学习、勇于突破，才能把握机遇、应对挑战，才能成就一番事业。国家为我们提供了广阔的舞台，而我们能做的，就是勇往直前，用实际行动践行“技能报国”的理念。

三、践行奋斗幸福观

爱国主义的实践方式多种多样。爱国情感可以有很多种表现形式，爱国的方式也各不相同。我们赞叹“以身许国，何事不敢为”的凛然，也为那些“脚踏实地，把每件平凡的事做好”的奋斗故事鼓掌。通过不断努力拼搏，提升自己，实现个人目标和社会价值，这才是真正的幸福。

1. 在平凡的岗位上做不平凡的事

> 些小吾曹州县吏，一枝一叶总关情。
>
> ——郑燮

本职岗位是我们报效祖国的重要舞台。在生活中，常有人抱怨“工作不符合自己的志向、特长和兴趣”，他们觉得自己“大材小用，英雄无用武之地”。其实，只要我们脚踏实地，勤奋努力，每一个平凡的人都能拥有不平凡的人生，每一份平凡的工作都能创造出不平凡的成就。我们要立足于自己的本职工作和岗位，充分发挥积极性、创造力和聪明才智，在平凡的生活中追寻伟大的理想，在普通的岗位上作出不平凡的贡献。

案例分析

赵云祥：平凡的喊潮人，不平凡的使命

“喂！上来！潮水马上就要来了！”14 年来，在浙江海宁丁桥镇的海塘边，喊潮人赵云祥拿着大喇叭提醒游客们保持距离，注意安全，远离危险地段。在看似平凡的岗位上，一声声急切的呼喊，背后是喊潮人不平凡的坚守，道出了守护一方平安的重要使命。

有报道显示，近 30 年里，钱塘江仅杭州段就发生潮水卷人事件数百起、死亡近百人。70 多岁的老赵，从小在钱塘江边长大，深知潮水的无情和危险。镇里成立喊潮人队伍时，他第一个报名参加。“我的想法很简单，希望不要有人出事。这是一个良心工作，既然让我管，我一定要管好。”

某年夏天，几个孩子准备下岸，老赵赶紧扯着嗓子向堤岸一边大喊。孩子们赶紧往回跑，刚上岸不久，潮水就呼啸而来。正是因为老赵的提醒，使可能发生的悲剧得以避免。

潮水来临的时间不固定，来时又总是凶猛。作为喊潮人的老赵必须格外警惕，既要留意潮水涨落的情况，也要时刻关注观潮者的活动情况。有些时候，可能有的人不以为然，有的人冷眼相待。老赵要忍受很多不理解，带着心酸和无奈，把岸边的人一个个喊上来。5 000 多天，一天两趟，10 000 多次喊潮，老赵已经记不得“喊”上来了多少人。就是这样简单且纯粹的想法，让老赵换了 6 个喇叭，也在本子上记录着每一天的潮涨潮落。

面对江潮，这样平凡但又不平凡的人还有很多。目前，在钱塘江两岸共有 300 多名和老赵一样的喊潮人。夏天，他们的手臂被晒得通红；冬天，刺骨的江风将脸吹得生疼。由于每天潮水抵达的时间都不一样，一日三餐可能也没办法按时吃。与潮水赛跑的喊潮人，凭借不平凡的毅力与坚持，在岸边筑起了一道保卫生命的屏障。

思考：结合喊潮人的事迹进行思考，在生活中你可以做哪些不平凡的事？

伟大源自平凡，平凡中孕育着伟大。在一个个平凡的劳动者身上，我们看到了平凡中的伟大，感受到了人间的温情与力量。正如习近平总书记所说：“只要踏实劳动、勤勉劳动，在平凡岗位上也能干出不平凡的业绩。”

2. 奋斗实现人生价值

> 中国人民自古就明白，世界上没有坐享其成的好事，要幸福就要奋斗。
>
> ——习近平

“梦虽遥，追则能达；愿虽艰，持则可圆。”所有成绩的取得，无不源于点滴日常的努力；所有事业的突破，无不得益于长年累月的奋斗。通过不懈的努力，我们可以克服限制，超越自我，实现个人的成长和发展，活出有意义的人生。

奋斗的过程虽然艰辛，但结果却无比甜美。它带给我们力量，让我们能掌控自己的命运，享受多彩的人生，实现个人和社会的双重价值。

案例分析

殷存柱：把青春焊进“国之重器”

殷存柱，中国一重大连核电石化有限公司手工电焊班班长。他带领班组成员出色完成了世界首台“华龙一号”核反应堆压力容器（福清五号机组）、全球首台“国和一号”核反应堆压力容器（示范工程一号机组）等一大批核电主设备的制造任务。

核反应堆压力容器一直被誉为重型装备制造业的皇冠产品。直筒形的 CRDM 管座要贯穿圆形顶盖组件进行密封焊，焊缝结构为不规则“J”形。机械工具无法探入，这时候所能依靠的，只有人的这双手。在中国一重专业化的核电焊接团队中，殷存柱是其中的杰出代表，越是难度大的产品他越愿意挑战。他在不断学习提升、摸爬滚打中，练就了精湛的技能，拥有丰富的实践经验，已成为“J”形手工密封焊接的不二人选。

在一次进行关键工序焊接时，由于焊接位置差，大部分时间都要保持蜷缩身躯的姿势，而且要尽量减小焊接变形，这对于焊工的技能水平，尤其是意志品质都提出了极高的要求。即使在汗液滴进双眼、浑身酸痛等极度不适的情况下，都不能中途停下，否则将前功尽弃。殷存柱在长达数小时的焊接作业过程中，不讲条件不叫苦，凭借超高的意志力和技能水平，顺利完成了焊接工作，质量检测合格。

“关键质量把握住，微小细节不放过。”如今，殷存柱已成长为中国一重在全面振兴和高质量发展中攻坚克难的“利器”，在平凡的岗位上继续默默奉献自己的青春。

思考：殷存柱的奋斗精神主要体现在哪些方面？对当今学子有着怎样的启发？

将个人志向同国家、人民的需要结合起来，在自己的岗位上发光发热、尽职尽责，这已经成为越来越多青年的爱国选择。那些为国家、为民族、为社会躬身奋斗的人们，都是值得我们称赞、值得我们尊敬的。美好生活、美好时代、美好未来，都要靠辛勤劳动来创造；国家富强、民族振兴、人民幸福都要靠奋勇向前来开拓。时间不会辜负奋斗者，未来属于实干家！

知识巩固

通过本章的学习，请结合自己的思考回答下列问题。

1. 除了书中提到的，你还了解哪些中华优秀传统文化？选择一个详细介绍一下。

2. 回忆一下十年来家乡的变化，谈谈你对“中国梦是人民的幸福梦”的理解。

3. “以中国式现代化推进强国建设”中的“中国式”体现在什么地方？

4. 谈一谈爱国与爱家的辩证关系。

5. 结合自身专业和对自己的未来规划设想一下，你能为民族复兴做出哪些切实的努力？